NOTES ET DOCUMENTS INÉDITS

RELATIFS

AUX INSTITUTIONS

DE

LA VILLE DE BERGERAC

AVANT 1789

PAR

ÉLIE DE BIRAN,

Membre de la Société philotechnique de Paris et de la Société historique et archéologique
du Périgord

PÉRIGUEUX

IMPRIMERIE DUPONT ET Cie, RUE TAILLEFER

1880

Extrait du *Bulletin de la Société historique et archéologique du Périgord.*

NOTES ET DOCUMENTS INÉDITS

RELATIFS

AUX INSTITUTIONS

DE LA

VILLE DE BERGERAC

AVANT 1789

En examinant les nombreux matériaux que nous avons re-
cueillis en vue d'écrire l'histoire de la ville de Bergerac, nous
avons reconnu la difficulté de faire entrer dans une narration
continue les documents et les observations concernant les
institutions qui ont joué un rôle tout intérieur dans l'existence de la cité. Dès lors, il nous a paru préférable, pour la
commodité du lecteur et pour l'unité de notre propre travail,
d'examiner séparément chacune de ces institutions ; cette
combinaison aura le double avantage de dégager notre future
étude historique de détails qui auraient trop souvent inter-
rompu le fil du récit, et de procurer un cadre suffisant à
chaque monographie.

Ainsi, réservant absolument l'histoire politique de Bergerac, nous nous attacherons à mettre en lumière l'organisation
municipale et judiciaire de la ville et ses diverses transformations ; nous consacrerons des notices spéciales aux fondations religieuses, aux établissements de charité et d'instruction : couvents, églises, temples, hôpitaux, collége, etc.
Il ne sera pas sans intérêt, croyons-nous, de voir revivre ces
institutions variées, dont quelques-unes avaient une origine

très-ancienne, et qui, par leur nombre même, témoignent de l'étendue des besoins sociaux auxquels elles répondaient.

On regrettera avec nous bien des lacunes dans la série des documents colligés ; mais, si l'on tient compte des pertes d'archives causées par les guerres qui ont si souvent ravagé notre province et par la Révolution, on sera étonné de l'abondance relative des titres conservés, sinon toujours en originaux, du moins par des copies ou des extraits.

La source la plus abondante où nous ayons puisé a été naturellement la *Collection du Périgord*, au département des Manuscrits de la Bibliothèque nationale. On ne saurait trop rendre hommage à la mémoire des savants qui, comme Lespine, Leydet et Prunis, ont sauvé de la destruction tant de pièces indispensables à consulter pour qui veut étudier notre histoire provinciale. Sans eux, le présent travail eût, à vrai dire, été impossible, et nous le plaçons avec confiance sous le patronage de leurs noms.

CHAPITRE Ier.

ORGANISATION MUNICIPALE ET JUDICIAIRE.

I. — *Consulat.*

Il n'est pas possible de déterminer à quelle époque la ville de Bergerac commença à jouir des libertés communales. Le premier document où il en soit question est la transaction passée entre Renaud III de Pons et les syndics de la ville. Cette transaction en 29 articles, approuvée par lettres patentes du roi Charles-le-Bel, du mois de juin 1322, mit fin au grave conflit qui s'était élevé entre les seigneurs et les habitants, au sujet de l'étendue de leurs droits respectifs.

Le seigneur reconnaissait aux syndics et habitants de Bergerac le droit d'avoir « à perpétuité une communauté, corps, consulat, maison, coffre et sceau tout commun. »

Il devait y avoir dans la ville huit consuls. Lors de la première création, deux syndics devaient, au nom de la communauté, désigner, verbalement ou par écrit, douze bourgeois, dont deux de la Magdelaine, capables de remplir la charge du consulat, d'après le serment qui serait prêté par les syndics entre les mains du seigneur ou de son bailli. Sur les douze candidats, le seigneur ou son bailli en choisirait le lendemain huit, savoir : quatre du corps de la ville et quatre des faubourgs, pour exercer la charge de consuls pendant un an et un jour. Avant la fin de l'année, les consuls ou deux d'entre eux présenteraient au seigneur ou à son bailli douze autres bourgeois capables d'être consuls, parmi lesquels le seigneur en choisirait huit. En cas de refus constaté du seigneur de faire ces nominations, les anciens consuls éliraient eux-mêmes leurs successeurs, sauf le droit de nomination que le seigneur pourrait exercer, dans les formes ordinaires, à l'expiration de l'année. La moitié des candidats appartiendrait au corps de la ville, et l'autre moitié aux faubourgs ; toutefois, deux d'entre eux seraient toujours nommés par le consul du bourg de la Magdelaine.

Les consuls étaient tenus, chaque année, avant d'entrer en fonctions, de jurer à l'église de Saint-Jacques, en présence du seigneur ou de son bailli, et, à défaut de ces derniers, en présence des anciens consuls, de se comporter loyalement dans leur charge et de garder fidèlement les droits de la communauté.

Sur le sceau municipal devaient être gravées d'un côté les armoiries du seigneur et de l'autre celles de la ville, à savoir un dragon avec cette inscription tout autour : *Le sceau du Consulat de la Communauté de la ville de Bergerac (Sigillum Consulatus Universitatis villæ Brageraci)* (1). Le sceau devait être gardé par trois d'entre les consuls, dans le coffre commun, sous trois diverses clefs.

Les consuls pouvaient, mais avec l'assentiment de huit habitants préalablement convoqués, établir des tailles et des impositions pour la réparation des chemins, ponts, murailles, fossés, portes, et pour l'acquittement des dettes des bourgeois de la ville. En cas de désaccord entre les consuls et les habitants, le seigneur ou son bailli devaient avoir la connaissance entière du litige qu'ils termineraient souverainement.

Chaque année, les anciens consuls devaient, un mois après l'expiration de leur mandat, rendre compte de leur adminis-

---

(1) Voir *Coutumes et statuts de la ville de Bergerac*, traduits de latin en français par Etienne Trelier. Bergerac, Antoine Vernoy, 1627.

tration par-devant les nouveaux élus et huit bourgeois, à ce appelés.

Ceux qui avaient été un an consuls ne pouvaient, pendant les trois années suivantes, être nommés ni choisis pour remplir la charge du consulat.

Le seigneur cédait à la communauté la maison de Malbec, qui devint l'Hôtel-de-Ville, avec ses appartenances; toutefois, les consuls ne pourraient y construire d'autre forteresse que celle qui existait alors.

Tous les habitants âgés de plus de quatorze ans devaient, à chaque changement de seigneur, prêter à celui-ci le serment de fidélité. De son côté, le seigneur, et avec lui le bailli et le sénéchal, étaient tenus, en prenant possession de leurs seigneurie ou charges, de jurer aux consuls et communauté de Bergerac d'être bons et loyaux.

Les bourgeois et habitants étaient déclarés quittes, francs et immunes à perpétuité; et le seigneur ou ses successeurs ne pourraient à l'avenir rien exiger d'eux pour les quatre cas suivants : voyage d'outre-mer, nouvelle chevalerie, mariage de fille ou captivité de guerre (1).

Telle fut, dans ses traits originaux, l'organisation municipale de Bergerac.

La cité releva de la Couronne, lorsque Philippe de Valois eut fait échange, le 29 mars 1339, avec Roger Bernard, comte de Périgord, des terres de Moncuq et de Montignac contre la ville de Bergerac (2).

Depuis Philippe de Valois, les priviléges de Bergerac furent souvent confirmés par les rois de France et d'Angleterre, y compris Louis XVI; ce n'est pas ici le lieu d'énumérer ces confirmations successives. Notons seulement que, par une transaction du 2 septembre 1367, Charles V maintint les priviléges de la ville, en récompense de l'heureuse énergie avec laquelle elle avait secoué le joug des Anglais. Ceux-ci ayant réoccupé Bergerac en 1380, le duc de Lancastre, pour

---

(1) Voir *coutumes et statuts*, etc.
(2) Lespine, vol. 48, p. 40.

punir les habitants de leur fidélité au roi de France, supprima
le consulat (1), mais ne tarda pas à le rétablir.

L'an 1381 « les consuls firent le serment de fidélité entre
les mains de messire Pierre Buade, gouverneur pour le Roy,
lui donnèrent une tasse d'argent, pesant un marc, pour le
changement du consulat, et reçut les clefs des portes de la
ville. Le lendemain 23, retirèrent les papiers des précédents
consuls, nommèrent les jurats en nombre de neuf, qui firent
les serments en leurs mains accoutumées dans le consulat,
sur la croix et le livre missel, et que les consu's pourraient
résoudre avec lesdits jurats ce qu'ils jugeraient nécessaire,
en quelque nombre qu'ils se trouvassent, après que la cloche aurait sonné (2). »

En vertu de lettres patentes du roi Charles VII, données à
Monbazon le 12 novembre 1450, le corps de ville fut réduit à
un maire et quatre consuls.

Une jurade du 21 juillet 1475 nous fournit la preuve que les
anciennes formes des élections consulaires s'étaient fidèle-
lement conservées. La veille de Sainte Magdeleine, les consuls en exercice devaient désigner douze prud'hommes dont
les noms étaient inscrits dans une lettre scellée du grand
sceau du consulat; le lendemain, le bailli devait ouvrir ce pli
devant le maître-autel de l'église Saint-Jacques et choisir,
entre les douze candidats, huit prud'hommes chargés d'administrer la communauté ; suivant l'antique usage, le bailli
devait recevoir le serment des nouveaux élus.

La jurade rappelle aussi que depuis environ vingt-cinq
ans il y avait à Bergerac un maire et quatre consuls, mais

---

(1) En 1352 « fut arreté que les consuls feraient faire des robes et pourraient enga-
ger les biens de la communauté pour les acheter, et il est fait mention qu'elles
coûteraient 239 écus et un quart pour la façon, et fournitures neuf écus. L'écu d'or
valait seulement 36 sous, trois deniers.

« Est aussi fait mention que l'église de Saint-Jacques et la Maison de ville, le
pont de Dordogne, le pont Saint-Jean et le pont de Ponbone furent raccommodés
aux dépens du consulat, et que les consuls donnèrent au seigneur une tasse d'argent qui coûta sept écus, le jour de la Magdeleine, selon la coutume. » (Registre
manuscrit de l'Histoire de Bergerac.)

(2) Registre manuscrit de l'Histoire de Bergerac

qu'il avait paru préférable de porter le nombre des consuls à huit et de supprimer la mairie, le tout sous l'approbation du Roi qui fut accordée à Puisieux, en septembre 1475. — Voici le texte de cette jurade :

« Le 21 juillet... Vespra de Sancta Maria-Magdalena 1475. — A la primera porta del Castel de Brageyrac, enviro lora de vespra, et aqui jorn, lo noble homme Urba de Reonsfoul, baylé et juge ordinari de par lo Rey... et los cossouls, etc... Aquo fut dich... Que cum la vila aya et sia dotada de très bels et bos privilégès, costumas et libertals... et an usat... de tot tems, sans aucuna contradictio... Entré las quals costumas... es observat et gardat que la vespra de M. Magdalena los cossols de l'an que son aysi présens, deven et son tengut de elegir et baylar per declaratio XII prodomes, borgés et habitans de Brageyrac en una lettra segelada del grand sagel del Cossolat... del qual nombre... elegit et créat, en cossolat per los cossols vielhs, vos Mossi lo Baylé... dema que sera lo jorn de Sancta Maria Magdalena, à l'Egliesa de Sᵗ-Jaime, enviro lora de 3ᵃ. cant lo semh del Cossolat aura sonat de born en born, al grand autar de Sᵗ Jaime à qui ubriretz la dita lettra clausa et del XII prodomes... vous ne nommeretz, confermaretz 8 per régir... labé public de lad. vila...Comès accoustumat antiquament... alsquals 8 nommatz, recévrez lo sagramen... et per so que despueys 25 ans en ça ou enviro agut un Magé et 4 Cossols... daqui al jour de huy, mas vesen... la major part de la vila quel era plus expedien.., aver 8 Cossols et ne ostar la Majoria ; et per so la vila a trametz de vers lo Rey et a empetra lettra de la demolissio de la Majoria, et a retornar al nombre ancien de 8 Cossols. Et perso an fach los Cossols de présent lor élection... selon la tenor des privilegis.. En vous uffren de far fé del tot, et an requerit los dessuls de l'enterinamen et compleimen de ladita lettra clausa, et del tot en ufren dema, à la dita Egliesa, rendre los claus de la vila, si cum es accoustumat, et à qui pagar et baylar un marc d'argent obrat de omago, à cada novela confirmatio... des dicts Cossols, etc. (1). »

Le nombre des consuls, réduit à six par le roi Charles IX, en 1565, fut élevé de nouveau à huit l'année suivante.

---

(1) Lespine, vol. 48, p. 75.
Nous voyons également dans le *Registre manuscrit de l'Histoire de Bergerac* (année 1508) « qu'avant l'élection des consuls, on fesait dire une messe du Saint-Esprit pour être bien illuminés. »
Le même *Registre* nous apprend « qu'en 1587, la communauté avait un cheval nourri aux frais du public, et qu'il servait à faire les voyages nécessaires. »

il ne reste rien autre chose qu'un ineffaçable souvenir.

Cette histoire d'une démolition a son éloquence :
les dates, les noms, le style du temps, les chiffres
surtout, parleront dans les pages qui vont suivre. On
y trouvera, dans l'indignation des uns, et dans le
mercantilisme des autres, une leçon de patriotisme
à l'adresse de ceux qui méconnaîtraient un jour nos
monuments nationaux. Plus ils ont souffert, plus
l'injure du temps et la main des hommes se sont
appesanties sur eux, plus nous devons respecter ceux
qui restent et rattachent si majestueusement le passé
au présent.

Il est encore des Rémois familiers avec les beautés
de Saint-Nicaise, grâce au culte d'une pieuse tradi-
tion, qui ne veulent pas se consoler de sa ruine et
eussent applaudi à la reproduction fidè'e de son
image dans l'une de nos églises modernes. Ne
pouvant ressusciter l'élégant édifice, ils apprendront
du moins comment il est tombé, succombant aux
coups d'avides démolisseurs, au milieu des regrets
de la population et de la municipalité de Reims.

H. J. et A. L.

Un arrêt du Conseil d'Etat du 30 mai 1668 attribua au gouverneur de la province la confirmation du maire et des consuls, dont le nombre fut réduit à quatre. Un arrêt du même Conseil du 5 septembre 1681 exclut pour toujours du consulat et conseil politique les religionnaires (1), et décida que les consuls seraient changés alternativement tous les deux ans.

Un édit royal du mois d'août 1692 institua, dans toutes les villes du royaume, des maires perpétuels et assesseurs, avec de beaux priviléges.

Le premier maire perpétuel de Bergerac (1694) fut Pierre Gontier, sieur de Biran; investi de cette charge par lettres patentes, il prêta serment devant le Parlement de Bordeaux (2).

« Les priviléges du maire lui donnaient l'élection des consuls, la présidence dans toutes les assemblées de l'Hôtel-de-Ville générales et particulières et mettre seul le feu aux bûchers, et exemptions de tailles et toutes charges personnelles (3) ».

Une ordonnance royale du 30 septembre 1757, enregistrée à l'Hôtel-de-Ville le 31 décembre suivant, prescrivit la forme qui devrait être observée pour les élections consulaires. Elle portait que ces élections auraient lieu chaque année le jour de la fête de Sainte-Magdeleine, dans une assemblée de notables.

Cette matière fut de nouveau réglementée en 1763 :

« Le vingt may audit an, a été enregistrée sur le livre des jurades, une ordonnance du Roy du 7 avril, même année, qui règle la forme des élections qui doivent être au choix du gouverneur ou commandeur de la province, s'ils sont sur les lieux, et en cas d'absence, au choix de Sa Majesté (4). »

---

(1) *Registre manuscrit*, etc.

(2) « Pierre Gontier, sieur de Biran, maire perpétuel, conseiller du Roy, porte d'or, à une fasce d'azur, chargée d'une étoile d'or et accompagnée de 3 hures de sanglier, arrachées de sable deffendues d'argent, 2 en chef et 1 en pointe. » (*Armorial manuscrit de d'Hozier*, vol. *Guienne*, page 603. — Bibliothèque nationale.)

(3) *Registre manuscrit de l'Histoire de Bergerac*.

(4) *Ibid*.

Enfin, un édit du mois de novembre 1771 réserva au Roy la nomination directe des maire et consuls.

II. — *Droits appartenant au Roi sur les château et châtellenie de Bergerac.*

« Sequitur instructio per Aimericum Sorberii, Procuratorem Regium in baillargo de Sarlato et Montisdomo et eorum Ressort. inquisita de mandato... Joannis Arpedaine, senescalli Petrag. super emolumentum Regis... castri et castellaniæ Brageraci. Quæ emolumenta, tempore dictæ inquisitionis turbantur et occupata fuerunt a tempore quo dicta villa conversa fuit ad obedientiam Regis... per aliquos habitatores dictæ villæ, vid. per domnum Petrum Buada se dicentem Gubernatorem ipsius villæ pro rege, et Heliam de Rupeforti, militem dicentem... partem dictorum emolumentorum sibi pertinere ex dono per Ducem Andegav. olim sibi facto (ce que voyant, ledit sénéchal était venu à Bergerac et avait ôté de leurs mains les revenus qu'ils avaient usurpés.)

« Sequntur emolumenta ipsius Dni : Baliva curiæ Brageraci ordinariæ. Ista Baliva tempore pacis et specialiter 1373 fuit tradita ad firmam, 10 libras, cum 10 *de appello, id est de Inchiâ.* Scribaria dictæ Curiæ 40 sol. cum 10 s. de appello et hodie nihil quia non reperitur Gubernator. Pedagium aquæ 25 lib. et 2 de appello. Furnus Sti Jacobi 30 lib. cum 3 de appello. Furnus de la Contracha 30 lib. cum 3 de appello. Furnus Mercadilli 30 lib. cum 3 de appello. Furnus terrerii Brageraci 10 lib. cum 2 de appello. Leuda et Martinagium 6 lib. cum 1 de appello. Instructio leudæ at martinagii est quod quicumque sutor Brageracii solvit quoto anno 7 d. Item quicumque mercatorum ferrum vendens vel asserium 3 s. 4 d. Item quicumque pannos vendens, vel alterius negotionis experiatur officium 4 s., panem vendens 4 d. Item quicumque saccos plenos vel semiplenos nucibus vel castaneis, etc., ad plateam, ratione vendendi, solvit pro quoque sacco 1 d. toties quoties ei contingit. Emolumentum pontis et portus Dordoniæ 60 lib. cum 5 de appello. Deverrium Marelli 4 lib. cum 1 de appello. Instructio de ejus marelli est quod quicumque deferens ligna seu carbonem apud Brageracum pro vendendo, debet pro marello semel in anno, unam sarcinatem lignorum, seu carbonis. Deverium salmonum 4 lib. cum 1 de appello. Instructio istius est quod in qualibet vetâ ubi piscatur in flumine Dordoniæ, Rex habeat unum salmonem semel in anno. Redditus et questæ Brageraci 60 lib. cum 5 de appello, XII sextaria bladi, 6 frumenti et 6 mixturæ in festo Nativitatis Dni, supra molendinum Gaudra. Pasceria Dni

30 lib. cum 2 de app. 4ª pars vetæ portûs 20 lib. cum 2 de appello. 4ª pars intelligitur quarta pars emolumenti bladii dictæ vetæ, deductis impensis. Pars decima bladii Magdalenæ et Sti Christophori cum 1 de appello. Pars decima bladii et vini Sti Martini Brageraci 20 lib. cum 3 de appello. Et intelligitur 18ª totius decimæ bladii et vini. Baliva de Ayraudo. Ista Baliva vacat, quod locus est de obedientiâ Anglicorum. Scribaria Curiæ de Ayraudo vacat, ut supra. Quarterias Brageraci. Hoc est deverium mensurarum bladi, videlicet quicumque venditor forensis solvit 18 d. Pedagium terræ 40 lib. cum 5 de appello. Instructio istius Pedagii est plenaria in libro sive papiro Pedagiorum regum, qui detinetur per inimicos Regis in loco Montiscuqui in quo etiam libro totum prædictum Dominium, sive domanium plenius continetur. Baliva de Maurens. Istam Bailiviam tenet quidam vocatus Bruno, heres Heliæ Buada, quæ fuit vendita prædicto anno, 30 lib. cum 3 de appello. Scribaria dictæ Bailiviæ de Maurens vacat, ut supra. Bailivia, sive lo Fraimidrel duntaxat Sti Albini et de Sadilhaco, 5 lib. cum 1 de appello. Istæ nunc vacant propter guerram. Emolumentum bladigii et pontonagii reddituum et questarum Sti Albini et de Sadilhaco 5 lib. cum 1 de appello, ut supra. Baliva Montislederi, Scribaria, furnus, etc., dicti Castri Montislederii, nullus ibi habitat. Bailiva de Borgnagas. Iste locus est de obedientiâ Anglorum et fuit appreciata dicto anno 10 lib. cum 2 de appello. Scribaria dictæ Curiæ, de obedientiâ Anglorum, appreciata 20 s. et 5 de appello. Bladagium de Bognagas 4 lib. cum 10 de appello, de obedientiâ Anglorum. Bladagium et Bailiva de Gardona, cum suis Parrochiis Sti Germani-le-Drop, de Monasteriis, Stæ Crucis, de Rezaco, Sti Aimici, Sobregano de Moyro 10 lib. cum 2 de appello. Nullus ibi habitat. Emolumentum bladagii pontis Dordoniæ Brageraci parrochiarum Sti Nassentii, de Sanis, de Cona, de Campa, de Pilli, de Turribus et de Sobareda, ut est consuetum. Nullus repertus fuit emptor. Bailiva ressorti Brageraci, prædicto anno 4 lib. cum 1 de appello. Isto anno Dnus senesc. eo misit regimen gentis, non reperiebatur emptor. Bailiva de Rupispina, prædicto anno 4 lib. cum 1 de appello. Nunc iste locus de obedientiâ Anglorum. »

« Apporté et baillé en la Chambre des Comptes par messire Jean Arpedaine, sénéchal de Périgord, le 6 décembre 1385, témoin son sceau mis au-dessous (1). »

(1) Lespine, vol. 48, p. 17.

III. — *Juridictions.*

La transaction de 1322, en constatant l'existence d'un *cot*
ou garde publique des propriétés des habitants, attribuait au
seigneur ou à son bailli le droit de connaître, avec l'assistance
de deux consuls, des contestations auxquelles donnerait
lieu l'infraction aux règles posées pour la protection des
biens de tous. La juridiction criminelle du seigneur ou de
son bailli était également admise ; mais, selon la coutume
antérieure, deux consuls et quelques autres notables bourgeois devaient assister aux procédures. Au reste, l'article XIX
de la transaction porte : « Que toute justice et juridiction,
haute, moyenne et basse tiendra en tout et partout audit
seigneur seul et à ses successeurs sur tous les habitants de
lad. ville, château et châtellenie, baronnie, district et appartenances d'icelle et sur la communauté et consuls susdits. »
Par lettres patentes, données à Saint-Germain-en-Laye,
le 12 février 1341, Philippe de Valois, en récompense du
dévouement des habitants de Bergerac à la Couronne de
France, leur accorda divers priviléges ; il décida notamment
que le juge serait tenu de procéder avec eux au jugement de
certaines causes relatives à la police et à la salubrité publique. — Les lettres sont ainsi conçues :

« Philippus, etc... Johannes, permissione divina, Belvacens. episcopus,
etc. « Sanè cum sicut dilectorum nostrorum et domno nostro regi fidelium
consulum et universitatis villæ de Brageriaco, qui semper domno nostro
regi, nedum verè obedientes, sed etiam ad conservationem honoris coronæ
Franciæ, corporibus et bonis se exhibuerunt sedulos servitores, factis, ges-
tibus et meritis, instruimur, eosdem regale liberalitate volumus honorari. Ea
propter notum facimus universis tam present. quam futuris, quod premissorum
consideratione, habito etiam respectu ad damna quam plurima que dicti
consules et habitatores propter guerras domni nostri Regis passi fuerint, et
de die in diem patiuntur, articulis infra scriptis ipsis consulibus et universitati auctoritate regiâ, virtute potestatis nobis datæ, cujus tenor inferiùs
est insertus, ex certâ scientiâ et gratiâ speciali concedimus et donamus per

presentes retenta super hiis regià voluntate : Primo, quod judex de **Brage**-
riaco, qui nunc est et qui pro tempore fuerit in futurum, ad processus,
cognitiones, decisiones atque condemnationes causarum quæ coràm ipso
movebuntur, pretextu carnium leprosarum, seu inconvenientium, et pis-
cium infectorum, item et etiàm aliorum mercimoniorum et victualium cum
falsis mensuris vel ulnis, seu ponderibus vendendor. in villâ de **Brageriaco**
et suberbiis ejusdem, consules dictæ villæ tenebitur evocare et procedere
cum eisdem, si interesse voluerint, et de quàlibet emendà sexaginta so-
lidorum, quam ob hoc habebunt decem solidos. Item cum multis expensa-
rum et damnorum oneribus aggraventur consules antedicti, eisdem et universitati concedimus de gratià speciali per presentes, quatenùs receptor
emolumentorum castri et castellaniæ de Bragcriaco teneatur et etiàm com-
pellatur ad tradendum et liberandum de emolumentis hujusmodi, illaque
erunt necessaria ad reparationem magni pontis Brageracii, juxta tenorem
arresti in curià Franciæ diu est lati, nonobstante quod dictus locus Brageracii, post latum predictum arrestum, ad manum regiam devenerit. Item
predictis consulibus et universitati, ex gratià speciali, prout suprà concedimus
et donamus quod ad processus, cognitiones causarum et condemnationes
quæ fiant in futurum contrà habitatores villæ de Brageriaco et suberbio-
rum ejusdem, pretextu inondationis cloacarum et lutorum locorum eorum-
dem, propter quorum abundantiam, aer dictæ villæ de Brageriaco dicitur
corruptus, consules predictos dictus judex tenebitur evocare, ac cum ipsis,
si interesse voluerint, procedere in hujusmodi causis, et de emendis inde
provenientibus, dicti consules quartam partem percipient et habebunt. Item
quia consules et universitatem ac habitatores dicti loci de Brageriaco et su-
berbiorum ejusdem facti experiencià novimus, propter guerras dicti **Dni nostri**
Regis et aliisquam plurimum fore damnificatos, volentes eisdem ulteriùs
gratiam facere specialem, quanto plus eosdem erga Domn. nostrum **Regem**
reperimus liberales, emendas ab habitatoribus de Brageriaco et suberbiis
ejusdem, civiliter litigantibus coràm gentibus regiis de Brageriaco, de
sexaginta solidis, a quodam tempore citra levari consuetas per easdem
gentes regias, habità deliberatione cum consilio regio, presente etiàm ejusdem Domni nostri Regis procuratore, pro futuris et perpetuis in anteà
temporibus, pensatà in hiis utilitate regià, ad quinque solidos currentis
monetæ a subcumbentibus in causis a modo ibidem civiliter ventilendis,
solvend., ex certà scientià auctoritateque supra et gratià speciali **mittiga**-
mus et reducimus per presentes, ordinantes eosdem subcumbentes ad ma-
jorem summam quam quinque solidor. dictæ monetæ, ob hoc a modo nullatenus fore compellendos, nonobstante quod de majori summà preteritis
temporibus exacta extiterit per judices antedictos. Tenor vero **potestatis**
nostræ talis est. (Suit la confirmation par le Roi.) — Datum apud Sanctum

Germanum en Layâ XII die februarii anno Dni M°CCC quadragesimo primo.
— Per dominum nostrum Regem. Signé LORRIS — (1). »

En 1472, Louis Sorbier, seigneur de Paras, sénéchal du Périgord, fit tenir les assises à Bergerac par messire Hugues Bailly, son lieutenant.

Ce même sénéchal détermina, en 1474, les juridictions qui devaient ressortir au siége de Bergerac; nous reproduisons son ordonnance :

« 16 janvier 1474. — Louis Sorbier, seigneur de Paras, conseiller, chambellan du Roi et son sénéchal ez pays et sénéchaussée de Périgord, capitaine du Mont de Dome et de Brageyrac... Pour donner soulagement aux manans des châtellenies et paroisses ci-dessous nommées et afin qu'au temps à venir sachent au vrai là où devront ressortir en justice, dont par ci-devant ont été plusieurs débats ez siéges de notre sénéchaussée et nommément pour recouvrer aucunes desdites châtellenies et paroisses qui n'obéissent en cette sénéchaussée et lesquelles les officiers et seigneurs de la sénéchaussée d'Agenois usurpent, puis en ça la réduction de Guienne en l'obéissance du Roi, attendu aussi que sont plus prochains de Bergerac que de nul autre de nos siéges, qui est ville royale en frontière et *hors de mer*, laquelle en sera plus crainte et en vaudra mieux, et se pourra refaire et peupler, dont sera en plus grande sûreté de garde, en quoi a le Roi et la chose publique dudit pays un grand intérêt ; avons advisé et ordonné, que par l'avis des autres officiers de notre sénéchaussée que icelles châtellenies et paroisses ressortissent et soient doresnavant du siége royal de Bergerac ; et ce sont lesdites châtellenies et paroisses celles qui s'ensuivent ; c'est à sçavoir : les châtellenies d'Aymet, de Lauzun, de Puyguilhem, de Saucignac, de La Barde, de Cahusac, deçà le Drot, de Lenquays, de Montcuq, les paroisses de Saint-Nexans, de Pontroumieu, de Saint-Germain, de Saint-Aigne, de Mons, de Cours, de la Conc, de Sadillac, de Gardonne, de Razac, de Saint-Avit de Moyre, de Saint-Nazari, et ce qu'est à l'entour, deçà le Rieu et Ségnal de la Monzie, de Villadèce, de Saint-Sauveur, de Saint-Ybard, la châtellenie de Mollediers, de Morens, de La Force, du Fleix, compris Fougueyrolles, de Gursson, de Montravel et la paroisse de Fraysse, près La Force. Et en témoin de ce, nous sommes ci sous escrits

(1) Lespine, vol. 48, p. 52 et suiv. (Regist. du Trésor des Chartes, 73, f° 239 pièce 300.)

de notre main, à Paras, et fait souscrire des mains du sieur de Razać, notre lieutenant-général et de M. Pierre Pelysse, procureur du Roy en ladite sénéchaussée le 16 janvier 1474. Signé Loys Sorbier, De Pelysse, procureur du Roy, Hugues Bailli, lieutenant de mondit seigneur. »

Cette copie a été tirée sur un *vidimus* des présentes, collationné et signé de Vabier, notaire et secrétaire du Roy (1).

La justice royale fut cédée aux consuls en 1519 :

« Le 8 juillet de ladite année, Mᵉ Raymond de Fayard, juge mage de Périgueux, vendit, au nom du Roy, la justice de Bergerac aux consuls qui en prirent possession le 9ᵉ suivant, et furent installés dans la chaire du parquet où ils tiendront leurs audiences (2). »

Le 10 octobre 1550, Henri II établit un présidial à Bergerac. M. Poynet en fut nommé président. Ce tribunal fonctionna jusqu'à l'époque des troubles religieux.

Les habitants de Périgueux ayant alors obtenu un édit supprimant le présidial de Bergerac, la municipalité de cette dernière ville introduisit, en 1559, une instance pour faire réformer cet acte, comme préjudiciant aux droits de la cité :

« A Bragerac le 17 novembre 1559. — Hélies Castaingt, consul et syndic de Bergerac, constitua procureur à Bordeaux pour soi opposer à la publication de l'édit obtenu par les habitans de Périgueux touchant la suppression qu'ils dient avoir obtenue du siège présidial ci-devant établi audit Bragerac, même de ce que la vérité sans correction ne saurait être donnée au Roy qu'est le soulagement de ses sujets et abréviation des procès qui ne peut être, étant les ressortissants audit siège renvoyés à Périgueux, étant plus loin d'eux les aucuns de Périgueux que de Bordeaux, en laquelle ville pour raison du port et hâvre, tous les ressortissants audit siège de Bragerac ont toute leur commodité pour... transport de marchandises qu'ils trouvent audit hâvre, pour leur commodité outre la souveraineté de la justice qu'ils prennent en ladite cour, et au contraire à Périgueux, où les ressortissants dudit siège de Bragerac ne peuvent que prendre dépense, pour ce qu'il n'y a

---

(1) Lespine, vol. 48, p. 75.
(2) *Registre manuscrit de l'Histoire de Bergerac.*

ville en France plus chère en vivres que Périgueux; *moins utile au royaume* eu égard à sa grandeur que toute autre, aussi qu'en toutes lettres et édits du Roi il lui plaît réserver le droit d'autrui et que les habitans... de Bragerac pour accomplir la volonté du feu Roi auraient payé grande somme de deniers pour l'installation dudit siége présidial, etc., etc. — FAYARD, notaire royal et clerc de la ville (1). »

Le rétablissement du présidial fut ordonné par un édit du 1er août 1566 (2); mais, en 1567, le siége fut transféré à Périgueux par ordre de Charles IX.

Au mois de novembre 1568, les compagnies de Montluc, devenues maîtresses de la ville, « déformèrent l'auditoire du siége présidial, chambre du conseil, etc. (3). »

Des lettres patentes de Henri III, en date du 12 octobre 1582, prescrivirent de réorganiser le service de la justice à Bergerac :

« HENRI... A notre amé cousin le maréchal de Matignon, commandant pour notre service en Guienne... Encore que en vertu de nos édits de pacification et articles des conférences, l'exercice de la justice doive être remis en nos villes de Figeac, en Querci, et Bragerac en Périgord, comme il était anciennement, et que les habitans et ceux qui y ont intérêt en ayant fait instance, toutefois l'effet ne s'en est ensuivi... Nous en ayant nos sujets faisant profession de la R. P. R. fait de nouveau plainte et remontrance... Ordonnons... que ledit service de la justice soit remis et rétabli ez dites villes de Figeac et Bergerac, ainsi qu'il était anciennement... Enjoignant pour cet effet à nos juges et officiers de s'y transporter, etc... et nonobstant oppositions, appellations ou empêchemens quelconques, etc... Donné à Paris le 12 octobre 1582, de notre règne le 9e. — Ainsi signé Henri, et plus bas, par le Roi en son conseil, de Neuville et scellées de cire jaune (4). »

Les Etats du Périgord approuvèrent, en 1583, la mission qui avait été donnée au syndic de s'opposer au rétablisse-

---

(1) Leydet et Prunis, vol. 14, p. 9.
(2) *Ibid.* vol. 14, p. 43.
(3) Lespine, vol. 48, p. 149.
(4) Leydet et Prunis, vol. 14, p. 42.

ment du siége présidial de Bergerac, sauf les réserves expri-
mées par le sieur Gros, au nom de cette ville (1).

En 1588, les habitants de Bergerac demandèrent au roi de
Navarre, qui fit droit à leur requête, la création d'une Chambre de justice souveraine :

« Le 23 juin 1588... Au roi de Navarre... Sire... Vous remontrent... les
syndic, consuls, etc., de Bergerac, qu'il a ci-devant plu à Votre Majesté
ordonner une Chambre de justice souveraine être établie en ladite ville,
lequel établissement n'a encore été fait, et néanmoins Votre Majesté a ren-
voyé plusieurs affaires et négoces qui se sont présentées en icelle Chambre. Ce considéré, et que par faute de juges pour y gouverner... en dernier ressort, les parties sont grandement fatiguées... Plaise... ordonner
que ladite Chambre souveraine sera établie à Bergerac...

« Nous HENRI, par la grâce de Dieu, roi de Navarre, etc... Après avoir
vû la présente requête en notre Conseil... Avons de l'avis d'icelui... Ordonné que la Chambre de justice souveraine sera établie au plutôt en la
dite ville de Bergerac. Fait en notre Conseil tenu à La Rochelle le 23 juin
1588. — HENRI. Par le roi de Navarre, etc. (2) ».

Le siége présidial fut restitué à Bergerac par lettres patentes du mois de juin 1592 :

« HENRI, etc... Nos prédécesseurs, pour le bien et soulagement des sujets du royaume ont fait plusieurs édits... même pour le fait et administration de la justice et abréviation des procès qui s'intentaient par chacun
jour entre eux, et ordonné des juges pour en connaître et iceux juger et
décider tant en première instance que par appel, et croissant la multitude
des procès et différends, même pour cause de peu d'importance, la pour-
suite desquels se faisait en notre Cour de Parlement où les parties étaient
contraintes se pourvoir sur les appellations interjetées à grands frais et
dépends excédant le plus souvent le principal... feu le roi Henri II aurait
créé et érigé des juges présidiaux ez lieux trouvés plus commodes et nécessaires pour connaître par provision et souverainement en dernier ressort des procès mentionnés en l'édit sur ce fait, jusqu'aux sommes spéci-
fiées par icelui entr'autres fut, en notre pays de Périgord établi deux siè-
ges présidiaux, l'un à Périgueux, l'autre à Bergerac, avec les officiers né-

---

(1) *Ibid. Ibidem*, p. 17 et suiv.
(2) *Ibid. Ibid.* p. 11.

cessaires, pour jouir par les pourvus desdits offices, avec honneur, auto-
rité, gages, etc... auxquels siéges auraient été donnés les villes, bourgs,
juridictions qui y devaient ressortir même audit siége de Bergerac, suivant lequel établissement la justice aurait été exercée.., jusques aux troubles et guerres civiles advenues en ce royaume, sur lesquels ayant les
habitans de ladite ville de Périgueux cherché l'occasion, auraient pour-
suivi le siége présidial établi à Bergerac... et icelui unir et incorporer à
celui de Périgueux... ce qui toutefois aurait été révoqué par l'édit de pacification qui remettait toutes choses au premier état... lequel n'ayant pu
néanmoins être effectué à l'occasion des troubles peu de temps après renouvellés ayant depuis nos sujets qui soulaient ressortir audit siége présidial de Bergerac été grandement travaillés pour être contraints... recher-
cher la justice audit Périgueux, à leur très grand préjudice et intérêts...
Voulant... les relever de telles vexations, faisons savoir que pour les mêmes
causes... qui ont mû ledit feu Roi Henri II d'établir ledit siége présidial
en icelle ville de Bergerac, etc... Avons remis et rétabli et remettons ledit
siége présidial en icelle ville... pour y être la justice administrée suivant
les édits et ordonnances faites pour l'établissement des siéges présidiaux et
en la même forme... qu'il était auparavant les édits de suppression et
réunion audit siége de Périgueux, avec pareil nombre d'officiers, avec les
mêmes honneurs et autorités... auquel siége présidial ressortiront toutes
les villes, bourgs, paroisses, etc., qui avaient accoutumé ressortir et y étaient
ordonnés par la première institution... sans que les habitants des dites
villes, etc. se puissent pourvoir audit siége présidial de Périgueux ni ailleurs qu'en icelui... Si donnons en mandement, etc... Donné au camp de
Senlis, au mois de juin 1592. Ainsi signé sur le repli : Par le roy, Forget,
et scellées du grand sceau en lacs de soye rouge et verte (1). »

Cette ordonnance ne fut pas exécutée, comme le prouve la
pièce suivante :

« *Factum* du procès pendant au Conseil privé du Roi, entre le maire,
échevins, manans, etc., de Bergerac, et les lieutenans, conseillers, pro-
cureurs du Roi et autres justiciers, demandeurs en lettres du 7 octobre
1594, d'une part, et le maire et conseillers, lieutenant-général, particulier,
procureur du Roi, etc., du siége présidial de Périgueux, d'autre part...

» Pour le fait est à noter que par l'édit de création et érection des siéges
présidiaux... du roi Henri II, de l'an 1552, il y eut deux siéges présidiaux

---

(1) Leydet et Prunis, vol. 14, p. 41.

créés en la sénéchaussée de Périgord, l'un à Périgueux, l'autre à Bergerac, ledit édit vérifié par toutes les Cours de Parlement et partout ailleurs où besoin était. Suivant cet édit, les siéges présidiaux furent dès lors établis en chacune ville, nommé et spécifié par ledit édit et les officiers reçus, qui ont toujours exercé, comme ils exercent encore à présent la justice en tous les lieux cotés et dénoncés par ledit édit. Et comme ledit édit fut exécuté pour le regard de la ville de Périgueux et le siége établi en icelle, aussi fut-il exécuté et le siége présidial établi en la ville de Bergerac, qui fut composé d'un lieutenant-général, sept conseillers et un greffier et autres officiers, etc.

Partant soutiennent lesdits demandeurs que ledit siége doit être rétabli réellement et de fait en ladite ville de Bergerac suivant l'Edit. (Pièce imprimée (1) ».

Jusqu'à la Révolution, Bergerac conserva un siége sénéchal.

Le bailliage et la prévôté royale, dont les titulaires étaient nommés par la communauté et confirmés par le Roi, furent réunis au sénéchal en vertu d'un édit du mois d'avril 1749, enregistré au Parlement de Bordeaux le 24 juillet suivant (2).

---

(1) *Ibid. Ibid.*, p. 78.
(2) *Registre manuscrit de l'Histoire de Bergerac.*

CHAPITRE II.

FONDATIONS D'UTILITÉ GÉNÉRALE.

I. — *Pont sur la Dordogne.*

C'est vers la seconde moitié du xiiie siècle qu'on doit placer l'établissement du pont de Bergerac; en effet, Hélie Rudel, par son testament de l'an 1254, légua une somme considérable en vue de sa construction (1).

D'après l'article xxvi de la transaction de 1322, le seigneur était tenu de réparer le grand pont sur la Dordogne, et, à cet effet, il devait en percevoir les revenus.

Ce pont paraît avoir été démoli en 1444 ou 1445. C'est ce qui résulte de l'extrait ci-après du Livre des Jurades :

« Hugues Baillif, chevalier , seigneur de Razac, conseiller du Roy, lieutenant du sénéchal de Périgord, et commissaire député, fait procès-verbal le 4 septembre 1459, à la requête des maire et consuls, assistés du procureur du Roy, qu'il y avait au pont de Bergerac neuf arceaux ou arcades et que le pont s'étant abattu l'an 1444 ou 1445, pendant la ruine d'icelui, les habitants entretenaient un bateau pour le passage et commettaient trois ou quatre personnes pour lever le droit sur les étrangers dont ils faisaient revenu pour la Communauté et qu'ils en jouiraient jusqu'à ce

---

(1) Lespine, vol. 48, p. 3 et 4.

que les officiers du Roy établirent un bateau et des personnes environ l'an 1447, et en perçurent les revenus (1). »

En 1501, Louis XII, afin de faciliter la réédification du pont, fit remise à la ville du droit de barrage qui lui appartenait, suivant lettres patentes dont la teneur suit :

« Louis... avons reçu l'humble supplication de nos chers, etc., de Bergerac... contenant, que ladite ville nous compète, etc... est de notre ancien et vrai domaine assise sur... Dordogne, près Bordeaux, qui est navigable, et aller de Bergerac à Bordeaux, à La Rochelle et en Bretagne, et de là à la grande mer, sur laquelle rivière joignant ladite ville, de grande ancienneté soulait avoir un pont de pierre de bel et somptueux édifice pour le passage des marchands et conducteurs de marchandises, etc., lesquels payaient certains droits de barrage revenant au profit de notre domaine, duquel barrage ils sont exempts, il est advenu depuis soixante ans ou environ au moyen des grandes eaux... et par la faute que nos officiers ne faisaient aucune réparation, ledit pont est tombé en la rivière, et après ladite ruine... les officiers qui pour lors étaient, ordonnèrent un passage avec bateau, que depuis ils baillaient à ferme par chacun an, à la chandelle, comme les autres fermes, jusqu'à ce que ladite duché fut baillée en apanage à feu notre cousin le duc de Guienne, lequel bailla ledit passage à feu Mathurin de Clermont, écuyer, à la somme de douze livres tournois de rente annuelle... Or est-il que celui passage qui se fait par bateaux et navires est fort mauvais et dangereux, et que les marchands vont ailleurs, ce qui est au grand préjudice de notre dit domaine pour les droits qui nous appartiennent... pour les droits de passage, de péage, mesurage, etc... Pour ce serait nécessaire de refaire ledit pont, et pour le refaire, leur donner et octroyer le droit de barrage que nos prédécesseurs levaient sur les passans et repassans sur ledit pont au temps qu'il était en nature en nous payant ladite somme de douze livres de rente que nous payait ledit de Clermont pour ledit passage à bateau... Accordé, Donné à Châlons-sur-la-Seine, le 18 avril 1501. Ainsi signé : Louis. — Et suit la teneur des lettres d'expédition de N. Sgnrs des Comptes sur les dites lettres patentes en 1503 (2). »

---

(1) *Registre manuscrit de l'Histoire de Bergerac* (1450).
(2) Leydet et Prunis, vol. 11, p. 13 et 14.

Le pont fut réédifié en 1509, par les soins des consuls (1). Au mois de novembre 1568, il fut brûlé par les compagnies de Montluc, et il n'en demeura qu'un seul pas, du côté de la ville (2).

Trois ans après, nouvelle réédification :

« Par lettres patentes du quatre may 1571, Charles IX ordonna la réédification du grand pont, et par autres patentes du onze juin audit an, données au Pont de l'Arche, le même Roy ordonna une imposition de douze mille livres sur la ville, paroisse et juridiction de la sénéchaussée, pour être employée à cet effet, ce qui fut fait (3). »

Ces travaux furent exécutés d'abord du côté du faubourg de la Madeleine, et ils furent menés avec tant de célérité, qu'on put passer sur le pont dès le 9 septembre 1571 (4).

D'après le Livre des Jurades, en l'année 1595,

« Les maire et consuls payèrent vingt-deux écus au sculpteur qui avait fait les armes du Roy et de la ville, qui lors furent posées sur le portail et tour du pont de Dordogne, du côté regardant le bourg de la Magdeleine. »

Enfin, ce pont fut emporté, en 1783, par une crue de la rivière :

« La nuit du 7e au 8e du mois de mars, jour de vendredi, vers les huit heures du soir, la rivière de Dordogne a passé trois pieds au-dessus du pont qui était devant la présente ville et l'a totalement renversé jusqu'à la grosse pile, même un passage au-delà...

» L'eau n'a surpassé le pont que du côté de la ville jusqu'à la grosse pile ; le côté du bourg se trouvant plus élevé n'a pu être submergé ; aussi n'est-il pas tombé...

» Le premier may a été lancé le premier grand bateau plat ou bac, qui a été construit, après la démolition du pont, pour passer les charrettes ou autres voitures sur la rivière devant la ville, et il a été construit du côté

---

(1) Lespine, vol. 48, p. 126.
(2)   Id.   p. 149.
(3) *Registre man. de l'Histoire de Bergerac.*
(4) Lespine, vol. 48, p. 149.

du bourg, au lieu appelé la Barbecanne, sur le bord de la rivière, par les soins du sieur Jean Gimet, négociant de la ville de Bergerac (1). »

II. — *Création de foires.*

L'évêque de Beauvais, lieutenant du Roi dans le duché de Guienne, accorda aux consuls et aux habitants de Bergerac, en récompense de leurs loyaux services, la faculté d'établir dans cette ville des foires publiques, qui auraient lieu chaque année et dureraient huit jours, à partir de la fête de l'Ascension. Le roi de France, Philippe de Valois, confirma cette concession par ses lettres patentes, données à Paris, au mois de décembre 1341.

· Creatio nundinarum pro habitantes Brageracii.

» Philippus, Dei gratiâ Francorum Rex. Notum facimus universis tàm presentibus quàm futuris : Nos quasdam patentes litteras vidisse, sigillo dilecti et fidelis consiliarii episcop. Belvacen. tunc nostrum locum tenentis in partibus Occitani, ut primâ facie apparebat, sigillatas, formam quæ sequitur continentes : Johannes, permissione divinâ, Bellaven. episcop. locum tent. Domni. Nostri Franciæ regis, in partibus Occitani et Xantonnen. universis presentes litteras inspecturis, salutem... Notum facimus universis tàm presentibus quàm futuris, quod nos considerantes bona et gratuita servicia Domno nost. Regi per consules et habitantes Villæ Brageraci benè et feliciter impensa, et quæ de die in diem iidem habitatores incessanter honorabiliter eidem impendere non desinunt. Nec non et damna quæ presentis guerræ Ducatus Aquitaniæ occasione passi sunt, et sustenti et sustinent cotidiè, eisdem consulibus et habitatoribus dicti loci Brageraci, nundinas publicas in dicto loco de Brageraco de quibuscumque mercaturis tenendas anno quolibet per in perpetuum per octo dies, incipiendo in festo Ascensionis Domni duraturas, de equis, animalibus et aliis mercaturis omnibus, quibuscumque, in remunerationem dictorum serviciorum per ipsos dicto Domno Nost. Regi, ut premittitur, impensorum et damnorum per ipsos sustentorum, pensatâ utilitate regiâ, ex certâ scientiâ, et gratiâ speciali, auctoritate regiâ concedimus et donamus per presentes,

---

(1) *Registre manuscrit* (année 1783).

mandantes senescallo Petragorens. et Caturcens. quatenus dictos consules et habitatores dicti loci Brageraci, nostrâ presenti uti faciant gratiâ pacificè et quietè. Amovendo etiam impedimentum opponendum per quemcumque. Quod ut firmum et stabile perpetuo perseveret presentibus hiis nost. fecimus apponi sigillum. — Datum Tolosæ, mense novembris, anno Dni MᵒCCC quadragesimo primo. — Quas quidem litteras, omniaque et singula in dictis litteris contenta rata et grata habentes, ea volumus, laudamus, approbamus, et ex nost. certâ scientiâ, auctoritate regiâ et gratiâ speciali, tenore presentium confirmamus, nostro in aliis et alieno in omnibus jure salvo. Quod ut firmum et stabile perpetuo perseveret, sigillum nostrum presentᵇᵘˢ litteris est apponendum. Datum Par. anno Dⁿⁱ MCCC quadragesimo primo, mense decembris.

Per Dᵘᵐ Nostᵘᵐ Regem.

LORRIS.

Collatio facta cum originalibus litteris superius insertis per me

LORRIS (1). ,

III. — *Prisons et geôles.*

Nous empruntons à Lespine les renseignements suivants sur cet objet :

« Les prisons étaient d'ancienneté et ont toujours été dans l'une des tours du château de la ville, jusqu'à ce qu'il fut ruiné par une inondation de la rivière.

« Suivant l'édit de Henri IV, du 7 décembre 1591, et lettres de commission du 6 décembre 1594, l'aliénation du domaine de Bergerac, appartenant à S. M. fut faite sous la faculté de rachat perpétuel, par M. M. les commissaires députés à M. Jacques Nompar de Caumont, marquis de La Force, par contrat, daté à Bordeaux du 30 avril 1596, dans lequel est compris, entre autres droits, celui de garde de la geôle et des prisons royales de la ville.

» Le seigneur engagiste faisait procéder annuellement au bail de cha-

---

(1) Lespine, vol. 48, p. 50 (Trés. des Chartes, cart. 73, fᵒ 238, pièce 299).

cun des droits du domaine, par devant le lieutenant-général du sénéchal, et entre autres du droit de geôle et garde des. prisons.

» On voit par un procès-verbal du 29 avril 1602, que ce droit de geôle et de garde des prisons ayant été annoncé afin d'en faire le bail à ferme, il y eut des opposants : 1° le sieur Pierre Peyrarède, pourvu par le roi de la charge de capitaine du château de Bergerac, par lettres de provision du 18 novembre 1597, où des profits et émoluments dont il devait jouir sont mentionnés, entre autres le droit de geôle ; et de là, il soutenait pour moyens d'opposition qu'il devait en jouir, puisqu'il avait toujours appartenu aux capitaines du château ; 2° Bernard de Bérail, écuyer, sieur de La Roque, disait qu'il avait été pourvu par le roi de l'état et office de capitaine de la capitainerie de ce château ; que lui et ses prédécesseurs, qui en avaient été pourvus auparavant, avaient toujours joui du droit de geôle et de commettre les geôliers et gardes qui en percevaient le droit à leur profit ; et par ces raisons, il forma opposition avec des protestations ; 3° les maire et consuls formèrent aussi leur opposition, et exposèrent pour moyens, qu'ils étaient et que leurs prédécesseurs avaient été d'ancienneté en possession et jouissance de commettre le geôlier garde de ces prisons, de pourvoir à la geôle des personnes capables et suffisantes pour la garde des prisonniers ; que pour la conservation de ces prisons, ayant à la tour où elles sont un principal intérêt, puisqu'elle aboutit aux murailles de la ville, et attendu que par un arrêt de la Cour de Parlement de Bordeaux, ils ont été mis en cette possession et jouissance et s'y sont maintenus jusqu'à présent ; que dans cet état il y a entre eux et les dits sieurs Peyrarède et de La Roque procès au Conseil privé du roi et ils requièrent que les parties y fussent renvoyées.

« Sur ces oppositions, l'adjudication de ce droit de geôle ne fut point faite. C'est ce qui résulte du procès-verbal du 29 avril 1602.

» Cependant le procureur fondé du seigneur engagiste fit ensuite l'afferme du droit de geôle pour six années.

» Mais suivant un autre procès-verbal de ferme du 12 may 1612, celle du droit de geôle fut faite moyennant deux cent quatre-vingts livres nonobstant les protestations du précédent fermier, qui exceptait que les six années de son bail n'étaient pas expirées.

» Suivant d'autres procès-verbaux judiciaires, l'afferme du même droit de geôle et garde des prisons fut continuée et faite pour trois cent soixante livres en 1613, pour deux cent quarante livres en 1614.

» Mais ensuite, partie du château et la tour servant de prison furent détruites par l'inondation.

» Alors le seigneur engagiste, tenu de fournir des prisons, loua une maison pour en servir.

» Et par le procès-verbal des baux à ferme des droits du Domaine du 23 juillet 1623, le droit de geôle et de garde des prisons royales fut adjugé pour vingt livres ; en 1636, pour soixante-dix livres; en 1639, pour vingt-cinq livres ; en 1648, pour quarante livres.

» Cependant, par autre procès-verbal du 30 juillet 1654 (n'en ayant trouvé de postérieurs), il est mentionné à l'égard du droit des geôles et garde des prisons, que la ferme en sera faite aux conditions ordinaires ; néanmoins, sans que le seigneur engagiste soit tenu de fournir de maison pour servir de prisons ; que ce droit ayant été crié et recrié à ces conditions, personne ne s'est présenté pour y enchérir.

» On croit qu'alors le seigneur engagiste acquit la maison servant depuis et actuellement de prisons, qui avait appartenu à Jeanne Epérier, qui l'avait reconnue au Prieur de St-Martin, sous le cens de 18 deniers, le 29 juillet 1623.

» Par l'ordonnance des procédures criminelles, du mois d'août 1670, tit. 13, il est prescrit ce qui doit être observé pour les prisons et geôles.

» Le roi, par sa déclaration du 11 juin 1724, a déchargé les geôliers de payer les loyers ou fermes des prisons ; mais, par autre déclaration du 7 novembre suivant, S. M. permit aux engagistes de tirer les loyers des prisons, à la charge de les entretenir de toutes réparations et de les pourvoir de bons et fidèles geôliers (1). »

IV. — *Citadelle*.

Après la soumission de Bergerac, en 1621, le Roi, pour tenir en respect cette cité turbulente, ordonna la construction d'une citadelle au lieu qui en porte encore le nom. Elle fut bâtie aux dépens de la Communauté, joignant le collége.

« En 1624, rapporte Lespine, neuf janvier, fut faite estimation des maisons qu'on devait démolir pour la construction de la citadelle que Louis XIII voulait faire bâtir pour la garde de la ville. Elle fut en effet bâtie dans ce temps-là ; mais, à la sollicitation des habitants, elle fut démolie le 8 février 1630. M. de Voyer-d'Argenson, conseiller du Roi en son Conseil

---

(1) Lespine, vol. 48, p. 401-402.

d'Etat et maître des requêtes, fut envoyé à Bergerac pour cela. Il en fit sortir la garnison, avec le sieur de Bachot, qui en était le capitaine (1). »

Nous trouvons aussi dans l'*Histoire manuscrite de Bergerac* les détails qui suivent touchant la démolition des murailles de la ville et de la citadelle :

« M. d'Argenson, maître des requêtes, député par Sa Majesté pour l'exécution de l'arrêt du 22 novembre 1629 qui ordonne la démolition des murailles et citadelle de la présente ville, arriva le 5 janvier 1630.

» Par arrêt du Conseil du 15 juin 1629, le Roy avait ordonné que le régiment de La Valette sortirait de la ville, à condition que les habitants raseraient leurs murailles et fortifications et que pour sûreté de l'exécution de la condition, les habitants donneraient douze ôtages, au choix de M. le duc d'Epernon, lequel ôtage aurait lieu jusqu'à ce que les murs fussent entièrement rasés et démolis. Ces douze ôtages furent donnés et envoyés dans le château de Nérac où était commandant M. le marquis de Maillé. Ils y restèrent depuis le 2 septembre 1629 jusqu'au 17 janvier 1630 : le sieur de Verthamon était un des douze. »

Le Roi avait donné aux Jésuites l'emplacement de la citadelle par brevet du 31 décembre 1629; ils en furent mis en possession par M. d'Argenson, intendant de la province, suivant procès-verbal du 6 mars 1630.

V. — *Bateau de poste.*

Les consuls et les notables habitants de Bergerac décidèrent, en 1641, l'établissement d'un bateau de poste qui ferait le service entre cette ville et Bordeaux ; nous transcrivons la jurade relative à cette utile création :

« En la ville de Bergerac et maison noble de Consulat d'icelle (assemblés les consuls et principaux bourgeois de la ville, ensemble l'avocat et le syndic

---

(1) Lespine, vol. 48, p. 196.

de la bourse commune des marchands fréquentant la rivière de Dordogne). — M. le Maire, Hélie de Chillaud, représenta : qu'ayant consi déré le bien qui pouvait revenir au service du Roi et au public, il avait estimé convenable à la décoration, honneur et profit de ladite ville et particulièrement pour accélérer les affaires du Roi et du public, d'établir, sous le bon plaisir de Sa Majesté, un bateau de poste, à l'instar de celui d'Agen, pour descendre de la présente ville en celle de Libourne et monter à la tire dudit Libourne en la présente ville en toute diligence, afin que par cette commodité publique, tant la présente ville que paroisses circonvoisines puissent se servir dudit bateau pour Bordeaux où la Cour de Parlement, Chambre de l'Edit, etc., sont établies, et par même moyen se rendre dans la ville de Libourne où Sa Majesté a depuis peu établi un siége présidial, la présente communauté étant de tout temps unie à celle de Libourne par privilége de bourgeoisie et de commerce par anciens titres, contrats, etc., confirmés par arrêts de Cours souveraines. Pierre Martin, bourgeois et marchand de Bergerac, fut établi maître de ce bateau. Il devait prêter serment aux consuls de donner caution de tout ce qui lui était livré jusqu'à 500 livres ; entretenir ledit bateau, était tenu de partir tous les jeudis de chaque semaine, aller dans un jour à Libourne et partir de Libourne chaque vendredi, devait recevoir dans ledit bateau gratis ce qui regardait les affaires du Roi et de la ville, les religieux mendiants, était tenu de mettre une banderolle, et la tenir au haut du mât où seraient peintes les armes du Roi et de la ville ; pouvait tenir au mât dudit bateau une boëtte, pour recevoir les aumônes pour les pauvres de l'Hôtel-Dieu de la présente ville, qui prieront Dieu pour ceux qui s'embarqueront, et remettra ces aumônes au curé de la ville. Ne devait avoir pour tout droit d'un chacun tant en allant que revenant à Libourne et *vice versâ*, et pour les hardes d'un chacun que 15 sous pour descendre et pareille somme pour monter, etc. Par M^{rs} les Maire et Consuls. — LABONNEILHE, secrétaire (1). »

---

(1) Collection Leydet, vol. 14, p. 9.

CHAPITRE III.

ETABLISSEMENTS DE BIENFAISANCE ET D'INSTRUCTION.

---

1. — *Hôpital.*

L'hôpital de Bergerac était un des plus anciens du royaume. Régi d'abord par des administrateurs spéciaux, il devint une dépendance de celui de Montpellier, qui relevait lui-même de l'hôpital du Saint-Esprit-en-Saxe, à Rome, que le pape Innocent III fit édifier en 1198 (1).

Une bulle du pape de la même année 1198 constate que l'hôpital de Bergerac appartenait aux Frères du Saint-Esprit (2).

Pour l'historique de cette fondation, nous croyons utile de reproduire la copie faite en 1805 par M. Guillaume Gontier de Biran, ancien député aux Etats-Généraux de 1789, de notes extraites de l'inventaire des titres et papiers de l'hôpital :

» Depuis un temps immémorial, il y a eu dans la ville de Bergerac un hôpital pour y recevoir et traiter les malades de l'endroit, ainsi que les

---

(1) *collect*ᵃ*-périgord.* — Leydet et Prunis, vol. 14., p. 71.

(2) « Domum quam habetis in villâ quæ dicitur Brageac, tibi, fili, Guido, et successoribus tuis perpetuo subjacere. » (Innoc. pp. III, epist. lib. I, epist. 97. Edit. Baluze, T. 1, p. 53). — Cette lettre est adressée à Guy, fils de Guillaume, comte de Montpellier. Guy avait fondé dans cette dernière ville un hôpital sous l'invocation du Saint-Esprit. Il mourut en 1208 (Voir A. Germain, *De la charité publique et hospitalière à Montpellier au Moyen-âge, d'après les actes originaux,* 1859, in-4°, pages 1 à 23 et suiv.)

étrangers. Cet hôpital a longtemps existé sous le nom de Maladrerie ou Léproserie, et était desservi par des religieux hospitaliers de l'ordre de Notre-Dame-du-Mont-Carmel et de St-Lazare, et administré par un Commandeur ou un de ses délégués portant le nom de Commandeur du St Esprit (1).

» Cet hôpital était situé hors de la ville et consistait en une maison et terres environnantes, en rentes foncières et directes, en douze pognères de blé que lui fesait annuellement chacun des sept moulins de la ville, et en

---

(1) Nous relevons, au sujet de la gestion de l'hôpital par les Frères, les deux mentions ci-après dans le *Registre manuscrit de l'Histoire de Bergerac* :

« Année 1405. — Les consuls écrivirent au grand Commandeur de Montpellier de vouloir pourvoir d'un bon Commandeur l'*Hôpital du Saint-Esprit* qui dépérissait.

» Année 1529. — Cette année fut arrêté que les consuls contribueraient seulement au bâtiment de l'hôpital que ferait le Commandeur du Saint-Esprit pour la main du maître, et donnèrent 40 livres, sans tirer à conséquence. »

Le 21 juin 1538, les consuls désignèrent comme patron de la Commanderie du Saint-Esprit Me Jean Fournier, qui fut présenté au prieur de Montpellier, collateur de cette commanderie (Leydet et Prunis, vol. 14, p. 9).

Nous donnons ici la liste, malheureusement incomplète, que nous avons puisée dans la collection Lespine, vol. 48, page 406 et suivantes :

Frère Ferrand Labarrens, commandeur en	1426
Etienne du Pradal	1442-48-58
Géraud des Combes	1460
Antoine de Septfonds	1461
Jean de Sorbier	1461
Antoine de Septfonds	1463
Elie Arnaud	1470-73-74
Jean de Sorbier	1475
Elie Arnaud	1486
Jean de Clermont	1489
Gaillard de Bideren	1489
Elie Arnaud	1492-96
Bertrand de La Beaume	1499-1501-30-37
Dieu Ayde	1542
Jean de Grimoard de Frateaux (archiv. de Frateaux)	1559
François Mathieu	1650
Pierre Caudau	1657 et 1658
Noble Pierre de Sangraisse	16...

COMMANDERIE DE PONTBONNE.

Reconnaissance en l'année 1414.

Frère Pierre Combraille était commandeur de Pontbonne en 1487 (*V. Chapelle de Pontbonne.*)

charités que les âmes pieuses leur fesaient, qu'on nommait alors *sancta charitas*.

» Le 29 janvier 1416, Peyre Donzel donna par contrat au Commandeur du St-Esprit une maison sise dans la ville, près la Font-Balquine, pour en faire un hôpital pour les pauvres, moyennant qu'il lui ferait dire une messe tous les vendredis.

» Lorsque les religieux furent chassés de la ville par les religionnaires, leurs meubles et papiers furent portés à la maison de ville ; les maire et consuls en firent meubler la maison qu'avait donnée Peyre Donzel, qui fut desservie par des filles pieuses et administrée exclusivement par les maire et consuls (1), jusqu'à la déclaration du Roi du 12 décembre 1698, portant règlement pour l'administration des hôpitaux.

» Il paraît que les maire et consuls, pendant leur administration, gardèrent les rentes des religieux hospitaliers, et les firent tourner au profit de la ville, et la rente des douze pognères de blé de chaque moulin fut pendant longtemps distribuée par eux aux pauvres le jour de la Pentecôte, en petits pains qu'on portait sur le pont de la Dordogne.

» Le 15 mars 1555, Elie Eymery, prêtre, donna aux pauvres, par son testament, une vigne qu'il avait dans la paroisse de Ste-Foi-des-Vignes.

» Le 14 mars 1592, Samuel de Clermont, seigneur de Piles, donne également par son testament aux pauvres de l'hôpital de Bergerac une somme de quatre cents écus pour être mise en rentes.

» Le 15 novembre 1673, Marthe Bonheure fait une donation aux pauvres de l'Hôtel-Dieu de Bergerac, par acte devant Marphaud, notaire royal.

» Le 15 novembre 1673, par un jugement des commissaires députés nommés par le Roi, les maire et consuls furent condamnés à rembourser à l'hôpital une somme de mille livres qu'ils avaient ci-devant prise des mains du Receveur dudit hôpital. Cette somme fut remboursée en une liasse de rentes que l'hôpital a perçues jusqu'à la Révolution.

---

(1) Deux ordonnances rendues par François II et Charles IX, en 1560 et 1561, confirmées expressément par l'article 65 de l'édit de Blois (1579), disposèrent que les hôpitaux et commanderies seraient administrés par les consuls des lieux et par les bourgeois qu'ils y commettraient ; que les titres et papiers de ces établissements seraient inventoriés et déposés dans les maisons des villes.

Conformément aux prescriptions de la première ordonnance, M. Pierre Poynet, lieutenant général, qui avait activement concouru à l'établissement de la religion réformée dans la ville, et les gens du Roi se transportèrent, en 1560, à l'hôpital et commanderie de Bergerac, et dressèrent procès-verbal des biens qui lui appartenaient (voir *Collection Périgord*, Leydet et Prunis, vol. 14, p. 71).

Un autre inventaire de ces biens fut dressé le 12 août 1584 (voir *Bulletin de la société historique et archéologique du Périgord*, t. II, p. 113 et suiv.)

3

» Le 24 août 1693, le Roi, par sa déclaration, ordonna que les biens et revenus des maladreries et léproseries seraient donnés aux hôpitaux des lieux. Dès lors l'hôpital jouit des biens ayant appartenu aux frères du Mont-Carmel et de St-Lazare.

» Le 24 août 1693, arrêt du Conseil d'Etat du Roi, portant que l'aumône et distribution que les maire et consuls de la ville fesaient aux pauvres le jour de la Pentecôte seraient réunies à l'hôpital de Bergerac. Cette aumône et distribution étaient de douze pognères de blé que chaque moulin de la ville fesait de rente annuelle. L'hôpital en a joui jusqu'à la Révolution.

« Le 5 décembre 1699, brevet du Roi par lequel Sa Majesté donne aux pauvres de l'hôpital la place ayant servi ci-devant de cimetière à ceux de la Religion P. R. avec une lettre du Chancelier. Ce cimetière fut changé en jardin dont l'hôpital a joui jusqu'à la Révolution, époque où ses biens furent vendus.

» Enfin, il fut fait à l'hôpital beaucoup d'autres legs qui firent monter ses revenus, en 1790, à près de 5,000 livres, sans y comprendre le revenu en nature d'une métairie, d'un vignoble et de trois jardins.

» Dans la Révolution, les biens ruraux de l'hôpital furent vendus 62,000 francs. Les capitaux qui avaient été placés en rentes constituées furent remboursés au Trésor national en assignats. Les papiers et titres furent dispersés, égarés ou perdus. Les hospitalières abandonnèrent les pauvres et se retirèrent auprès de leurs parents. Il n'y en resta qu'une qui, sans secours et sans appui, supporta tout le fardeau de cet établissement.

» L'administration municipale vint au secours de cette charitable religieuse ; elle la nomma directrice, lui adjoignit des filles pour soigner les malades, un pharmacien pour lui préparer ses remèdes, sous la surveillance d'un médecin et d'un chirurgien habiles, et elle administra le reste des revenus des pauvres.

» Le représentant du peuple Lakanal vint en mission à Bergerac, visita l'hôpital, trouva cet établissement malsain, peu aéré et fort incommode. Il le transféra sous le nom d'hospice dans la maison où étaient auparavant les Dames de la Foi.... Il fit des règlements ou statuts, les premiers étant perdus ou égarés ; il créa un directeur pour tenir les écritures, pourvoir aux grands approvisionnements et à l'entretien des enfants trouvés ; conformément à la loi du 16 vendémiaire an V, il fut créé une commission pour administrer les revenus des pauvres, composée du maire qui la préside, et de quatre propriétaires charitables, parmi lesquels il y a un avocat. Il y a aussi un receveur pour faire le recouvrement des revenus, en vertu de la même loi.

» Les biens ruraux, vendus au préjudice des pauvres, ont été remplacés par d'autres biens, et les rentes remboursées par d'autres rentes, à la vérité très-mauvaises, la plupart féodales ou prescrites.

» L'hospice jouit présentement (1805) d'un revenu de 5,500 francs en argent et d'environ 100 hectolitres de froment. Sur cela il y a à déduire des rentes constituées et autres charges qu'il a à payer. Il a cent lits montés et peut recevoir beaucoup de malades : le minimum de chaque jour est de trente. Il est desservi par trois religieuses hospitalières et trois servantes, depuis le premier thermidor an XII. Ces trois hospitalières sont rentrées dans cet établissement, en vertu de la délibération du 5 prairial an XII, approuvée par M. le Préfet. »

Communauté des filles de l'hôpital.

En 1696, Mᵐᵉ Anne Lachapelle, fille du bailli de Bergerac, forma la communauté des Filles de l'hôpital et y entra avec l'approbation de l'évêque de Périgueux. Sous sa prudente direction, l'établissement, dont les ressources étaient presque taries, prit un nouveau développement. La fondatrice mourut en 1741. Mᵐᵉ de Biran, qui lui succéda, s'inspira de ses pieux exemples. A sa mort, elle avait reçu dix-neuf religieuses qui la secondaient dignement dans sa mission de charité (1).

II. — Maladrerie.

Il y avait aussi à Bergerac une maladrerie pour les gens atteints de la lèpre. En 1512, une jurade décida qu'à l'avenir son administration relèverait exclusivement des consuls.

Nous avons trouvé la trace de deux admissions dans cet établissement.

D'après le *Registre manuscrit de l'Histoire de Bergerac*, en 1521 :

« Jean Faucher, lépreux de Lauzun, fut reçu avec sa femme dans la maladrerie, à la charge de vivre et faire comme les autres, et n'aller point mendier les dimanches au devant de la porte de St-Jac-

---

(1) Lespine, vol. 48, p. 192.

ques, à cause que la rue était étroite, et qu'il serait à cheval, les cliquettes sonnantes. »

» Le 18 mars 1557, rapportent Leydet et Prunis, arriva à Bergerac, Antoine Dascon, fils de Guillaume Dascon, habitant de Chales en Saintonge, malade de lèpre, demandant vivre avec les autres malades d'icelle, offrant bailler à la maladrerie ce qui sera advisé par les maire (de Chillaud) et consuls. A quoi il a été reçu, et lui fut accordé de vivre comme les autres d'aumones et autres alimens de la d. maison, et composa pour six pistolets d'or chacun valant 46 sous. — Acte passé par Peyrarède, not.^{re} royal (1). »

Le *Bulletin* de la Société historique et archéologique du Périgord a publié (T. II , p. 111 et suiv.) un inventaire des meubles et immeubles de la maladrerie de Bergerac pour l'année 1584.

III. — *Hôpital Saint-Antoine.*

L'hôpital ou commanderie de Saint-Antoine existait dès avant 1414 (2).

D'après le *Registre manuscrit de l'Histoire de Bergerac,*

« La Communauté fit vœu cette année 1501, à Dieu, à la Vierge, à saint Anthoine, et aux saints du Paradis, vù le grand danger de mortalité et de peste, qu'on envoyrait un homme dévot dans l'église de l'hôpital de St-Anthoine au faubourg de la Magdeleine lès Bergerac, qui porterait la ville contrefaite en cire, ce qui fut exécuté. La représentation était la ville de Bergerac en cire avec quatre tours et une girouette sur chacune, et en dedans se voyait la maison du consulat, l'église St-Jacques, l'église N-D. du Château et celle de Ste-Catherine, au Mercadil — Le tout fut porté en procession le 17 mai 1501, par les consuls, accompagnés des officiers et des chefs de famille (3). »

---

(1) Leydet et Prunis, vol. 14, p. 8.
2) *Registre manuscrit de l'Histoire de Bergerac.*
(3) *Ibid.*

IV. — *Maison de charité ou Miséricorde*.

« En 1735, M. ce Froidefond, alors curé de Bergerac, et les principaux
habitants de cette ville sollicitèrent et obtinrent de Mᵍʳ de Prémeaux, évêque de Périgueux, l'établissement d'une confrérie de la Miséricorde, pour
porter des secours à domicile aux pauvres honteux, sains ou malades.
Cette confrérie ne répondit pas aux espérances qu'on avait eues d'elle ;
on la remplaça par une association de dames pieuses qui se chargèrent
du soin de porter des bouillons, des remèdes et autres secours aux pauvres honteux. Mais distraites par les soins de leurs ménages ou de leurs
affaires privées, ces dames, comme les membres de la confrérie qui
les avaient précédées, négligèrent, au préjudice des pauvres, de remplir les
devoirs dont elles s'étaient volontairement chargées. Alors, le même M. de
Froidefond, dont le zèle était infatigable et la charité sans borne, réunit
sous la conduite de Mᵐᵉ Elisabeth de Sorbier du Séran (1), veuve de
l'un des premiers magistrats de la ville et sans enfants, trois demoiselles

---

(1) Née de parents protestants, Elisabeth de Sorbier avait été reléguée à l'âge de
dix-sept ans dans le couvent des religieuses de la Foi chrétienne. Ce fut seulement après trois années de réclusion, lors d'une mission qui eut lieu à Bergerac,
que les doutes de son esprit se dissipèrent. En 1704, elle épousa M. Simon, sieur du
Séran, ancien capitaine d'infanterie et lieutenant particulier à la sénéchaussée de
Bergerac, avec qui elle vécut en parfaite union jusqu'à la mort de celui-ci, arrivée
en 1740.

Afin de seconder les intentions de M. de Froidefond, Mᵐᵉ du Séran fit l'acquisition
d'un local pour les dames qui prendraient la résolution de se vouer avec elle au
service des pauvres.

Au mois de mai 1757, le Roi, sur la requête de la bienfaitrice et de M. de Lansade,
alors curé, autorisa la fondation, par lettres patentes, et permit la création d'un
bureau chargé d'administrer le revenu des pauvres. Il restait encore un progrès à
réaliser. Jusque-là, les dames qui étaient à la tête de l'œuvre étaient obligées de
préparer en ville ce qui était nécessaire au soulagement des indigents. Au mois de
janvier 1769, le Roi leur accorda la faculté de vivre en communauté, avec le titre de
Dames de la Charité, et de s'agréger des sujets. Après avoir vu cette œuvre con-
solidée, Mᵐᵉ du Séran n'eut plus qu'un désir, celui de construire un oratoire où
elle pût épancher son âme et son cœur. Cette faveur lui fut accordée. Elle obtint
la permission d'édifier, dans sa maison, une chapelle et d'y conserver le Saint-
Sacrement. La chapelle fut bénie le 3 janvier 1770 et dédiée à Saint-Vincent-de-
Paul, fondateur, avec Mᵐᵉ Legras, de l'ordre des *Sœurs grises* ou *de la Charité*. —
Mᵐᵉ du Séran, dans la nuit du 13 au 14 janvier 1770, mourut avec les sentiments de
la plus vive piété ; son corps fut inhumé, le 15 du même mois, dans sa propre chapelle (voir Lespine, vol. 48, p. 384).

※

alliées aux meilleures familles du pays, et toutes les quatre, également recommandables par la pratique constante de toutes les vertus chrétiennes, consacrèrent au service des pauvres, non-seulement leurs soins, mais encore une partie considérable de leur fortune. Les charités de M. de Froidefond ne le cédèrent point à celles de ces dames. Il donna à cette œuvre un bien d'une certaine importance dont le produit fournissait en grande partie aux besoins des pauvres. Ces dames achetèrent une maison où elles se réunirent pour y vivre en communauté et pour pouvoir y mieux remplir les nouveaux devoirs qu'elles venaient de s'imposer.

» Prévoyant le grand avantage que Bergerac allait retirer de cet établissement, le sénéchal et le corps de ville lui-même s'empressèrent de prendre, le 24 mai 1741, des délibérations pour autoriser, autant qu'il était en eux, cet établissement. A la vue de ces délibérations, Mgr l'évêque de Périgueux donna, le 7 mars 1742, son approbation à cette pieuse association ; il permit à ces dames de se lier par des vœux au service des pauvres, leur donna des règlements, et établit pour leur supérieur particulier le curé de Bergerac

» Chassées de leur maison par la Révolution, incarcérées, dépouillées de tous leurs biens, les sœurs de la Miséricorde se retirèrent auprès de leurs parents. La tourmente passée, on leur rendit leur maison qui n'avait pas été vendue, on organisa un bureau de charité, et on leur assigna quelques fonds pour les mettre à même de remplir leur pieuse mission. Pour assurer la durée et la stabilité de l'œuvre, elles adressèrent en 1806, à l'impératrice-mère un mémoire et une pétition tendant à faire autoriser et reconnaître leur association comme d'utilité publique. »

Cette note est extraite des papiers de M. Guillaume Gontier de Biran.

Nous ajouterons que la congrégation des sœurs de la Miséricorde de Bergerac fut légalement reconnue par décret du 25 novembre 1810. D'après leurs statuts approuvés, ces religieuses ont pour but principal le soulagement des malades pauvres et des infirmes. L'hospice des vieillards du faubourg de la Madeleine et le refuge des orphelines de Bergerac, fondés et dirigés par elles, sont la propriété de la congrégation.

V. — *Collége.*

Les habitants de Bergerac avaient de bonne heure créé dans leur ville des écoles pour élever la jeunesse dans la piété et les bonnes mœurs. Ces utiles établissements s'étaient maintenus jusqu'à l'époque des guerres civiles qui désolèrent le royaume et jetèrent partout la confusion. A la suite de ces événements, les habitants résolurent, sur les conseils de M. Poynet, lieutenant général au présidial, de fonder un collége. Assistés de plusieurs grands seigneurs et communautés du pays, ils adressèrent une requête au roi Charles IX, afin d'être autorisés à réaliser ce projet. La permission demandée leur fut accordée par lettres patentes du mois d'août 1564, dont nous donnons un extrait (1) :

« Charles.... nous, à la requête des nobles, bourgeois, manans et habitants de la ville de Bragerac en Périgord, et autres du dit pays, leur avons permis et permettons de faire et ordonner un collége en la dite ville de Bragerac, en laquelle nous l'avons créé et établi, créons, etc. Et icelui composé de tel nombre de régens et autres officiers que les dits habitans adviseront, pour y être faites lectures ordinaires et extraordinaires en toutes langues... à l'entretènement des quels régens, etc., les dits des confrairies de la dite ville et juridictions de Bragerac seront employés, et ceux qui les ont et recevront seront contraints les remettre ez mains de celui qui aura la charge du dit collége... Permettant à tous librement donner et léguer argeant, meubles et biens immeubles au dit collége pour l'entretènement d'icelui, etc, etc. Si donnons en mandement au sénéchal de Périgord, etc., etc., que ces présentes il fasse lire, publier et enregistrer. Donné à Roussilhon, au mois d'août 1564. Et au dos : Par le Roi, en son Conseil, et plus bas : DE LOMÉNIE, et de l'autre côté : CONTENTOR. »

Munis de cette autorisation, les habitants firent bientôt après construire, au Mercadil, un beau collége sur un emplacement que Raymond Dupont donna dans ce but à la ville.

---

(1) Collection Périgord. — Leydet et Prunis, vol 14, p. 14.

L'établissement fut desservi par le nombre de maîtres nécessaire. De hauts personnages contribuèrent par leurs
libéralités à cette fondation.

De nouveaux troubles ayant éclaté, la ville tomba au pouvoir des protestants, et le sieur de Langoiran, leur chef, fit
démolir (en 1572) les bâtiments du collége (1).

Mais en 1576, le roi de Navarre, voulant donner à Bergerac
une preuve de son affection particulière, accorda 200 livres
tournois de pension pour l'entretien du collège et du principal ; son exemple fut suivi par plusieurs seigneurs et communautés, ainsi qu'il résulte de l'acte ci-après (2) :

» *Acte en parchemin signé de la fondation ou plus exactement*
rétablissement du collége (7 février 1577).

» En l'audience de la Cour de la sénéchaussée de Périgord, à Bergerac,
etc...

» Ont comparu les dits syndic et consuls de la dite ville par Mᵉ Raymond
Dupont, écuyer et seigneur de la Renaudie, avec Mᵉ Jehan de Mathieu,
procureur et syndic dudit collége de la dite ville et des pro-
cureurs du Roy de Navarre, et Sgrs vicomte de Turenne et comte de
Montfort, d'Armand de Gontaut, seigneur de St-Geniès et de Badefol,
chevalier de l'ordre du Roi, capitaine de cinquante lances et sénéchal de
Béarn, de Jacques de Caumont, seigneur de La Force, de Montboyer, etc.,
de Bertrand de Larmandie, seigneur de Longa et de Gardonne, de Geof-
froy de Beynac, seigneur et baron de Beynac et de Commarque, etc.,
de... Foucaud, Sᵍʳ de Lardimalie, et François de Saint-Astier, Sᵍʳ de la
Barde ; — Ont remontré que les habitants de Bergerac avaient établi des
écoles en la présente ville, pour instituer la jeunesse en la piété et bonnes
mœurs, ce qui avait continué jusques aux troubles et guerres civiles sur-
venues en ce royaume, qui avaient tout mis en confusion, et lors les habitans de la d. ville, assistés de plusieurs grands seigneurs et communautés
du pays auraient présenté requête au Roi, lequel par ses lettres patentes
données à Roussilhon au mois d'août 1564 leur avait permis de faire et
ordonner un collége en la présente ville, lequel le dit Sᵍʳ y aurait établi et
composé de tel nombre de régents et autres officiers que les dits habitants

(1) Lespine, v. 48, p. 149 et suiv.
(2)   dᵒ   p. 411. — Archiv. de Pau.

adviseraient pour y être faites lectures tant ordinaires qu'extraordinaires,
en toutes langues, par tels régents et autres que par les dits habitans seront ordonnés. Voulant le dit S^{gr} que les deniers des confréries du présent
ressort fussent employés à l'entretènement des dits régents et officiers, permettant à tous librement donner et léguer au dit collége pour l'entretènement des dits officiers. En vertu des quelles lettres les d. habitans auraient
dès lors bâti et dressé un beau collége, muni d'un bon nombre de régents,
sous la conduite d'un principal, avec autres officiers nécessaires, les tous
honorablement stipendiés ; en quoi les habitans auraient été grandement
secourus et aidés par la libéralité et bienfaits de la feue de bonne mémoire très-illustre dame... Renée de France, duchesse de Ferrare, et des
S^{grs} de Biron, de Limeuil, de Caumont La Force, de Salaignac, de Boisse,
d'Aubeterre, de Longa de Barrière, de Monbasillac, de Pardailhan, de
Longa de Larmandie, de Piles, de Bellegarde, de Montastruc, de Romain,
de Jaure des Bories, de Caussade, Mme la douairière de Longa de Barrière et Mme du Lyon ; et depuis, les dits troubles et guerres civiles ayant
été renouvellés, la dite ville, au moyen d'iceux, presque tombée en déso-
lation, et le bâtiment du collége entièrement ruiné ; Ce qu'étant venu
à la connaissance du S^{gr} Roy de Navarre, iceluy seigneur, pour le grand
désir qu'il a à l'advencement de l'honneur et gloire de Dieu, et au bien
public de tout le pays, et pour l'affection singulière qu'il porte à la dite
ville de Bergerac et aux habitans d'icelle, par ses lettres patentes du
dernier jour de juillet 1576 , aurait donné de fondation perpétuelle
et irrévocable pour l'entretènement du dit collége et du principal
et régents d'icelui, la somme de 200 livres tournois de pension, à prendre
chacun an, par les consuls de la d. ville de Bergerac, sur le revenu
de la ville de Gensac, par les mains du receveur du duché d'Albret,
à la charge que le dit S^{gr} Roy de Navarre serait recognu pour 1er
fondateur du d. collége et qu'en icelui seraient dressées ses armoiries.... et
que chaque premier jour de l'an, il serait fait une oraison publique en mémoire de la d. fondation. En outre qu'il serait dressé une pancarte du dit
don et fondation et autres dons qui seraient faits par autres S^{grs}, etc.
Et les dits S^{grs} de Turenne, de St-Geniès, etc., à l'exemple du dit S^{gr} Roy
de Navarre auraient pareillement donné : le S^{gr} de Turenne, 100 liv.
par an, sur sa comté de Montfort, à la charge que la 1re classe du d. collége sera appelée *la classe de Turenne*, là où seront mises ses armoiries,
etc., par acte du 25 août 1576 ; le S^{gr} de St-Geniès, 100 liv. par an, sur
sa châtellenie de Badefol, à la charge que la 2e classe sera appelée *la
classe de St-Geniès*, et en icelle seront mises ses armoiries, par contrat du
16 août 1576. Le S^{gr} de La Force, 50 liv. par an, sur sa maison de
La Force du 22 août 1576 ; le sieur de Longa de Larmandie, 25 liv. par

an, par acte du 15 août 1576 ; le sieur de Beynac, 20 liv. par an, sur le revenu de la paroisse de Bézénac, 31 juillet 1576, contrat signé Lacrup et Lavergne, notaires royaux ; et le sieur de Lardimalie, 10 livres par an, du 30 août 1576 ; et le sieur de la Barde, la somme de cent sols par an, à prendre sur le revenu des rentes de Raffaillé, paroisse de l'Isle, du 30 août 1576.......

» Tous ces contrats dûment insinués ; nous requérant les dits syndic et Mathieu leur octroyer acte de tout ce que dessus... pour leur servir de pancarte et dénombrement général des fondations et dotations du dit collége. Nous avons ordonné qu'il sera fait acte public des choses dessus dites. Signé P. P. Cacaud, greffier. »

Le 14 août 1590, les maire et consuls acquirent de Mᵉ Guillaume Marphaud, notaire royal, principal ministre du duc de La Force, une maison pour y installer le collége reconstitué (1). Le *Registre manuscrit de l'Histoire de Bergerac* renferme, pour cette même année 1590, les mentions suivantes au sujet de l'établissement d'instruction :

« La cloche qui était au bout du pont fut descendue le 1ᵉʳ août 1590 et apportée au collége.

» Les consuls achetèrent un nouveau testament grec et latin, un chapeau et des écritoires qu'ils donnèrent aux écoliers pour prix du collége. »

Le 25 février 1599, Jacqueline de Béthune, dame de Badefol, et Gérôme Philippe, agissant comme économe du seigneur abbé de Cadouin, cédèrent aux maire et consuls de Bergerac la dixme de Pomport pour tenir lieu de la rente de 100 livres donnée par le feu seigneur de St-Geniès, mari de ladite dame, en vue de l'entretien du collége (2).

Le bienfaiteur disait dans l'acte contenant sa libéralité :

» Qu'il n'y a rien tant nécessaire que ces établissements de colléges bien réglés ; que c'est le moyen de rendre les hommes gens de bien et craignant Dieu, de perpétuer dans la mémoire de l'homme de bonne lettre le souvenir des hommes à la postérité pour l'administration et le gouvernement du pays,

---

(1) Collection Périgord. — Leydet et Prunis, vol. 14, p. 16.
(2) Lespine, vol. 48, page 413. — Archives de Cadouin.

pour la singulière amitié qu'il porte à la ville de Bergerac et aux habitans d'icelle ; et pour plusieurs autres bonnes et saintes considérations, lui a plu, etc., donner au collége de Bergerac et pour l'entretènement du principal et des régens qui y seront, la somme de 100 livres (1). »

Le collége, ainsi rétabli, fut entretenu avec la plus grande sollicitude. Les jeunes gens y étaient formés dans l'étude des sciences et surtout dans la pratique de la religion protestante. On les exerçait à la discussion du dogme, et cette instruction approfondie les attachait d'autant plus aux doctrines de la Réforme. Toutefois, la prospérité de l'institution fut éphémère, si l'on en juge d'après les notes extraites par l'abbé Lespine des *Manuscrits des Pères Récollets* :

« 12ᵉ janvier 1609.

» M. Denys Gandon était ministre de la parole de Dieu à Bergerac. Il aimait les lettres ou du moins fut-il zélé pour l'accroissement du collége que le Roy Charles fonda en cette ville en 1564. Le dit Gandon donna pour l'entretien la somme de 100 livres. Plusieurs autres particuliers, le baron d'Aubeterre, Sᵍʳ de Monbazillac, MM. Jean Peyrarède, de Belrieu, de la Nauve, etc., furent les bienfaiteurs de ce collége. Au commencement il avait été une Académie assez célèbre ; depuis il n'avait pas eu le même éclat ; on fit bien des efforts pour le relever. Cependant, il s'est tout-à-fait obscurci après avoir brillé à différents intervalles.

» En 1620 (20 novembre), M. Maisonnie était ministre et recteur de la dite Académie ; MM. Pétrequi et Haye en étaient professeurs, comme il se voit par un extrait du livre des *Actes de l'Académie* du collége de la dite ville, où est dit, que la liberté de certains particuliers à appeler les enfans chez eux pour les instruire (comme le sieur Faustel, écossais), quoique ces prétendus maîtres soient très peu propres à remplir cette fonction ; que c'est une raison pour laquelle l'Académie n'a plus le même lustre, et en conséquence, est défendu à toute personne d'enseigner, sans la permission de la dite Académie (2).

En 1612, les maire et consuls écrivaient aux députés de la Basse-Guienne au synode national la lettre suivante, où,

(1) *Ibid.* 48, p. 85.
(2) Lespine, vol. 48, p. 382 et suiv. — Manuscrits des Récollets de Bergerac.

tout en constatant l'affluence des écoliers, ils avouaient le manque de ressources du collége :

« Messieurs... Il y a cinq ou six ans que nous voyans entourés de colléges de Jésuites de Bordeaux, de Limoges, Agen et Périgueux, fort proches d'ici qui corrompaient toute la jeunesse, même de notre religion, la plupart de laquelle n'avait le moyen d'aller étudier aux colléges de Montauban, Montpellier, Nismes ou Saumur ; et ainsi se perdaient. Pour y porter quelque remède, nous nous évertuâmes de bâtir un collége en cette ville, à grands frais, composé de sept bonnes classes aux humanités et de la philosophie, auquel Dieu, par sa bonté, a tellement opéré, que plusieurs écoliers y ont fait fort bien leur profit... et croissant de plus en plus, il y est arrivé et arrive tous les jours quantité d'écoliers de notre religion, non-seulement de cette Basse-Guienne en laquelle n'y a d'autre collége... que des provinces d'Auvergne, du Haut et Bas-Limousin, Xaintonge, Angoumois et Poitou... Mais parce que nos revenus ne suffisent pas... Nous vous supplions de nous vouloir accorder sur les deniers octroyés à ceux de notre religion par nos rois, la somme de 2,000 livres par an, ou telle autre somme que les Académies de Montauban, Saumur.

» Nous le fîmes représenter au dernier Synode, à Saint-Maixent, et nous fut promis d'y être pourvu... Et dès lors nous fut accordé, sans la somme qu'on accordait pour le futur collége, que M. de Rosny voulait faire établir à Boisville, tellement que le dit collége n'ayant été établi, nous espérons, etc. — (Les maire et consuls de Bergerac à MM. de Baucou et de Forrau, ministres de la parole de Dieu, et députés de la Basse-Guienne au sinode national de France) (1).

Nous relevons, la même année, une dernière libéralité faite à cet établissement par M. Pierre d'Escodéca de Boisse :

« A Bragerac, sept janvier 1612, fut donnée par ordre de M. Pierre d'Escodéca de Boisse, seigneur et baron de Pardailhan, etc., maître de camp du régiment de Navarre, la somme de 300 livres (comptée en pièces de seize sous) à M. Bernard de Berailh, écuyer, sieur de La Roque, et aux consuls, pour être convertie en intérêt (de 25 livres par an), pour l'utilité et profit du collége, laquelle somme avait déjà été promise le 4 du présent mois par le dit Sgr, étant dans la dite ville, lequel intérêt fut placé

_____

(1) Léspine, vol. 48, p. 120.

annuellement sur le domaine de la communauté et par exprès sur le revenu des poids de la dite ville et être pris par avance sur le dit revenu, par les administrateurs du dit collége, qui étaient alors Isaac Cacaud et Zacharie Planteau (1). »

CHAPITRE IV

ÉGLISES, CHAPELLES ET TEMPLES

I. — *Eglise Notre-Dame-du-Château.*

Cette église, la plus ancienne de toutes, était placée sous le vocable de Ste-Marie ; elle servit d'abord à un couvent de filles qui adoptèrent, en 1122, la règle de Fontevrault. Il est à présumer que, lorsque les seigneurs de Bergerac construisirent leur château sur l'emplacement du couvent des Carmélites, l'église leur servit de chapelle jusqu'au moment où elle fut érigée en église paroissiale (2). — (*Voir* Carmélites.)

C'est dans cette église Notre-Dame-du-Château qu'Hélie Rudel et son fils conclurent une trêve, la veille des calendes de juin 1233, avec les maire et consuls du Puy-St-Front (3).

Le 4 août 1336, plusieurs seigneurs et gentilshommes y firent hommage à Edouard III, roi d'Angleterre (4).

Louis XIII fit don de cette église aux Récollets, lors de son passage à Bergerac, en 1621 (5).

Elle est affectée aujourd'hui, après avoir subi de nombreuses transformations, au culte protestant.

II. — *Eglise Ste-Catherine.*

Il est fait mention, dans les actes de l'Hôtel-de-Ville de

---

(1) Collection Périgord. — Leydet et Prunis, vol. 14, p. 16.

(2) Lespine, vol. 58, p. 357.

(3) *Registre de l'Histoire de Bergerac.* — *Voir* Pancarte du diocèse de Périgueux. (*Bulletin de la Société historique et archéologique du Périgord.* T. 1er, p. 370.)

(4) Lespine, vol. 48, p. 340.

(5) *Registre manuscrit de l'Histoire de Bergerac.*

Bergerac, d'une jurade tenue, en 1414, dans l'église de Ste-Catherine, au Mercadil (1).

Cette église paraît avoir été reconstruite au mois de juin 1491, Guillaume d'Aitz étant prieur de St-Martin (2).

En 1495, fut édifiée la chapelle du St-Sépulcre, faisant partie de l'église Ste-Catherine.

Voici les termes de l'accord intervenu, l'année précédente, au sujet de l'érection du St-Sépulcre, entre le prieur de St-Martin et les personnes chargées de l'entreprise :

« Ce fut fait le 10ᵉ jour d'octobre 1494. — S'en suivent les articles et pactes accordés entre vénérable et religieuse personne, Frère Guillaume d'Aitz, bachelier en décret, prieur du prieuré de St-Martin de Bragerac, d'une part ; — et honorable homme maistre Domenge, noble, et Anthoine Constant, son gendre, habitants de Brive-la-Gaillarde, d'autre ; de et sur la baille et façon de faire le sépulcre de Notre Seigneur, auprès de l'église de Ste-Catherine dudit prieuré.

» Et premièrement, a été dit et accordé que le dit maistre Domenge et son gendre feront ledit sépulcre en la manière que s'en suit. C'est à savoir : le tombeau compétent et le corps de Jésus dessus, de six pieds de long ; Nostre-Dame, les Trois Maries et St-Jehan, évangéliste, Nicodemus et St-Joseph, de cinq pieds et demy de long ; sept angels pour tous les en... en feulletz ; quatre gens d'armes au-dessoubs du tombeau et la personne du dit prieur, de genoux, et un saint qui viendra à sa dévotion pour le présenter au-dessus du sépulcre ; l'Ascension de Notre-Seigneur, avec Notre-Dame ; douze apostres de deux pieds et demy de long et quatre petits angels, et Dieu le père, ainsi qu'ils appartiennent à ladite histoire. — Les armes du Roi et dudit prieur, ainsi qu'il devisera. Sur l'autel Notre-Dame-de-Pitié, deux angels pour tous sierges et la croix de bois, comme Notre Seigneur fut mis au mont de Calvayre, et les quatre prophètes de quatre pieds de long ; St-Clou, St-Estropi, St-Anthoine, Ste-Catherine, St-Martin, de cinq pieds et demy de long. Item a esté dit que si M. le Prieur veult convertir les quatre prophètes et autres images, le dit maistre Domenge et son gendre le feront. Et feront les dits sépulcre, images peinctes de fines peinctures d'or, d'azur et autres fines peinctures, comme s'appartient aux drapperies desdits maistres, et le rendre si beau du mieux comme le sépulcre de Poictiers, s'il peult. Et le dit sieur Prieur sera tenu fournir

---

(1) *Registre manuscrit de l'Histoire de Bergerac.*
(2) Lespine, vol. 48, p. 197 et suiv.

toute matière sur le lieu à ses dépens. Et fera les dépens aux dits maistres Domenge et son gendre, tant qu'ils besoigneront. Et sera tenu ledi maistre Domenge enseigner et adresser les maistres qui feront la cha- pelle, bailler les 'tours'et' compas pour mettre les images. Et ce, pour le prix et somme de trois cents livres tournoises, à payer comme la besogne se fera. Et commenceront besougnier du premier jour qu'ils seront mandés, et pourfiniront dedans trois ans prouchains. — Promise- runt partes, etc... obligaverunt, etc... juraverunt, etc., de quibus, etc., compelli voluerunt, etc., presentibus magistro Francisco de Podio, notario, fratre Arnaldi, in decretis baccalario, preceptore Sancti Spiritus Brageracii, Domino Johanne Fabri, presbitero, Guillermo Garelli et Petro Lito, habitantibus Brageracii, testibus notis, et me P. Frontuli, not. » (1)

L'église Ste-Catherine fut démolie par les protestants, en 1562, et un temple fut élevé sur son emplacement. (*Voir* Tem- ples protestants.)

Le prieuré et l'église de Ste-Catherine étaient situés non loin de l'entrée de la rue de ce nom et hors des murs. Le sol de l'église est aujourd'hui recouvert par les vastes constructions de Notre-Dame. Sur un ancien plan de Bergerac, on voit, en face du lieu où devait se trouver l'édifice religieux, un bâti- ment assez considérable, désigné à la légende sous le nom

---

(1) Lespine, vol. 48, p. 150. Cet acte est intéressant pour l'*Histoire de l'art provincial* en Limousin et en Périgord au xvᵉ siècle. Jusqu'à ce jour, on ne savait à qui attribuer ces nombreux *Calvaire*, *Mise au tombeau* et *Piété*, qui décoraient autrefois nos églises; on était allé jusqu'à supposer qu'ils avaient été exécutés par des étrangers, artistes nomades venus de la Flandre. C'était une erreur. Nul doute, après avoir lu ce document, que ces maîtres ouvriers, ces *imaigiers*, comme on les appelait alors, ne fussent de notre pays. Ainsi, la *Mise au tombeau*, qu'on voit, encore, dans la chapelle du château de Biron, a dû être sculptée par des maîtres de notre province, qui, tels que Domenge et son gendre Constant, habi- tants de Brive, étaient à la fois architectes, sculpteurs et peintres, continuateurs, très-habiles sans doute, des traditions de l'Ecole limousine, puisque le prieur de Saint-Martin de Bergerac, en traitant avec eux pour un sépulcre et plusieurs douzaines de statues, comptait qu'ils égaleraient en mérite les maîtres poitevins.

Ces artistes si modestes, qui ne signaient jamais leurs œuvres, semblent, vu la modicité du salaire qu'ils réclamaient, avoir travaillé plus pour le ciel que pour leur fortune ; et, cependant, ils méritaient un peu de gloire ; car, à en juger par les sculptures de la chapelle de Biron, si le dessin laisse à désirer, la mise en scène, l'expression religieuse, la vérité et les précieux détails du costume, enfin, la richesse de l'ornementation dénotent un talent réel et des plus exercés.   E. G.

de Prieuré de Ste-Catherine. Il ne subsiste aucun vestige de cette construction.

III. — *Chapelle de Pontbonne.*

Il existait avant 1414, dans la banlieue de Bergerac, à Pontbonne, une église qui dépendait d'une commanderie du St-Esprit. Cet édifice, ayant disparu à une époque inconnue, fut remplacé, en 1781, par une chapelle domestique, élevée par les soins de M. Jean-François de Larmandie.

« Le 12 may audit an, Mgr de Flamarens, évêque de Périgueux, aurait accordé à Messire Jean-François de Larmandie, chevalier, seigneur de Faux, Malcintats et autres lieux, et à Me Jean-Marc Castaing, avocat en la Cour, bourgeois et ancien 1er consul de cette ville, la permission de construire une chapelle domestique au lieu de Pontbonne, où était autrefois une ancienne église.

» Les fondements de cette chapelle ayant été jetés ou commencés le 10 octobre de la même année, on aurait trouvé, en les creusant, beaucoup d'ossements de corps humains, soit dans l'enceinte des fondements de cette ancienne église, qui était dédiée au St-Esprit, soit hors de leur enceinte, tout autour des fondements, ce qui justifie qu'on avait coutume d'inhumer tant dans cette église que tout autour d'icelle.

» On pourrait conclure que cette église, dont on ignore l'origine et dont il ne paraît plus aucun vestige, pouvait être autrefois une église paroissiale ou succursale. C'était une commanderie de Malthe ; Frère Pierre Combraille en était commandeur en 1487.

» Les fondements de cette ancienne église, construits en briques, se sont trouvés environ un pied sous terre. Le nommé Anthoine Lamouthe, entrepreneur de bâtisses de cette ville, a été l'entrepreneur de cette nouvelle chapelle, dont les deux premières pierres ont été jetées le 12 dudit mois d'octobre, l'une dans l'angle qui est à gauche de la porte d'entrée en entrant, par Me de Conseil, conseiller honoraire au Parlement de Bordeaux, et l'autre dans ladite église, qui est du même côté, où il y a un autre angle, près l'autel, toujours en entrant, au vis-à-vis le moulin, par le sieur Castaing, avocat. » (1).

(1) *Registre manuscrit* de l'*Histoire de Bergerac.*

La dédicace de cette chapelle eut lieu en 1783.

« Le vingt octobre de ladite année, a été faite la dédicace de l'église de Pontbonne. Elle a été remise sous l'invocation du St-Esprit, comme elle était autrefois, lorsqu'il existait une autre église dans le même lieu.

» La cérémonie a été faite par M. Gontier, curé de Bergerac, en conséquence de l'ordonnance de Mgr l'évêque de Périgueux, du 18 août même année, signé du Grézel, vicaire-général, et transcrite bientôt après sur les registres de l'église St-Jacques de Bergerac.

» Le même jour et de suite, a été bénite par le même prêtre la cloche de ladite église, qui a eu pour parrain M. le vicomte de Ségur-Pitray et pour marraine Mme de Larmandie de Faux. La première messe du Saint-Esprit y a été célébrée par ledit sieur curé, le tout dans la matinée dudit jour 20 octobre 1783 (1) ».

IV. — *Eglise Saint-Jacques.*

L'église Saint-Jacques, d'abord simple chapelle appartenant à l'abbaye de Saint-Florent, près Saumur, et rattachée plus tard au prieuré de Saint-Martin, fut rebâtie à plusieurs reprises.

La bulle suivante, délivrée en 1362, sur la demande des consuls de Bergerac, invita les fidèles à contribuer par leurs dons à la reconstruction de l'édifice :

« Universis Chri. fidelibus, etc. Ecclarum fabricis, manum porrigere adjutricem pium apud Deum et meritorium reputantes, etc... Cum itaque, sicut exhibita nobis pro parte dilect. filiorum Consulum et universitatis villæ Brageriaci, petrac^sis diocesis, petitio continebat, Parrochialis ecclesia S^ti Jacobi de dictâ villâ, in quâ cultus divinus die noctuque solemniter et devotissime celebrari solebat, totaliter sit diruta, et propter guerras quæ in illis partibus diuciùs ingruerunt, incole dictæ villæ sint adeo pauperes et egeni, quod ad reedificationem ipsius ecclesiæ, ad quam intendunt pro viribus laborare, ipsorum non sufficiant facultates. Nos cupientes quod hujdi eorum pia intentio ad effectum perducatur ; quod fiet tanto citius quanto fidelium aliorum suffragia ad impromptiùs præstabuntur, universitatem vram rogamus, monemus et exhortamur in Dno, in remissionem tot peccaminum injugentes quatinus vobis a Deo collatis, ad opus reedificationis huj^d. pias

_____

(1) *Registre manuscrit de l'Histoire de Bergerac.*

elemosinas et grata caritatis subsidia erogetis, ut per subventionem vram huj^dl_, opus ipsum citius perfici valeat, etc. Nos enim de omnipotentis Dei misericordiâ et beatorum Petri et Pauli aplorum ejus aut^te confisi, oibus verè penitontibus et confessis, qui manus ad premissa porrexerint adjutrices, unum annum et 40 dies de injuctis eis penitentlls misericorditer relaxamus ; pntibus post septennium non valituris, etc. Datum Aven, vij kalen. januarii, anno pontifi^tus n^tri primo. » (1)

Le 22 avril, veille de Saint-Georges de l'an 1505, la première pierre de l'édifice fut posée par Pierre Duqueyla (2).

La première pierre du clocher, élevé sur le chœur, eut lieu en 1509, le jour de Sainte-Anne (3).

« En 1521, rapporte le livre des Jurades, les consuls vouèrent une lampe d'étaing au-devant de la custodie de Notre-Seigneur, en l'église Saint-Jacques, afin qu'il plût à Dieu préserver la ville de danger et les illuminer pour le bien et profit de la ville. »

Peu d'années après, le chœur dut être reconstruit ; la première pierre en fut posée le 25 juillet 1537 par Jean de Clermont, curé, et la seconde par MM. Jean Beaurieu, baillif, Berthomieux Gaulchier, Jean Pinet et Bernal Delpoujol, syndics de l'église (4).

Le 18 décembre 1590, l'horloge qui fut mise au clocher Saint-Jacques fut achetée par la Communauté (5).

La nef de Saint-Jacques fut en grande partie détruite par les religionnaires. « Elle n'occupait, en 1622, qu'une petite partie de l'espace de l'ancienne. Sur l'autre partie, il y avait un appenti dans lequel on prêchait la controverse aux protestants qui ne voulaient pas entrer dans l'église (6). »

En 1685, « l'église de la paroisse Saint-Jacques fut entièrement démolie, hors le clocher, pour être rebâtie, le Roy y ayant contribué, l'hôtel de ville et Messire Jean Dufau, prieur de Saint-Martin de Bergerac, pour une somme considérable.

---

(1) Lespine, vol. 33, p. 56 (Archiv. du Vatican. Registre Cot. Urb. V, T. 6.)
(2) *Registre manuscrit.*
(3) Lespine, vol. 48, p. 126.
(4) *Registre manuscrit,* etc.
(5) *Ibid.* — Cette horloge fut démolie en 1643 et portée au temple.
(6) *Ibid.*

Le service fut transféré dans l'église des Récollets de la dite ville (1). »

V. — *Chapelains de Saint-Jacques.*

Par testament du 2 janvier 1448, Marguerite de Montaut-Mussidan, veuve de Messire Jean de Beaufort, chevalier, entr'autres dispositions, légua « l'Ostel de Marfueil, sis en la ville de Bergerac, avec les moulins à aygue, assis en la dite ville et toutes et chacunes de ses autres appartances du dit Ostel de Marfueil, en quelque lieu, etc., pour fonder une chapellenie à estre desservie en l'église de Saint-Jasme, en l'autel de Notre-Dame de Bragerac...; pour faire célébrer trois messes (2). »

Au XVIe siècle, l'église paroissiale de Saint-Jacques était desservie par vingt-quatre prêtres chapelains vivant en communauté ; c'est ce qui résulte des donations, cens, et rentes pour fondations d'obits que leur fit M. de Raynés, actes « des 2 mars 1538, 18 et 23 novembre 1539, devant Desplats, notaire royal (3). »

La communauté des chapelains de Saint-Jacques fut réunie, en 1672, à celle de la Mission et séminaire de Périgueux ; la vicairerie perpétuelle de la paroisse fut rattachée au séminaire en 1682. (*Voir* Prieuré de Saint-Martin.)

VI. — *Temples protestants.*

En 1562, les ministres protestants, qui avaient gagné à la cause de la Réforme non-seulement les habitants, mais les religieux des couvents de Bergerac, firent démolir l'église du prieuré de Sainte-Catherine du Mercadil ; sur l'emplacement

---

(1) *Registre manuscrit de l'Histoire de Bergerac.*
(2) Lespine, vol. 52, p. 125. — Fonds Baluze, première armoire, paquet 5, n° 3.
(3) *Ibid.* vol. 48, p. 339.

de cette église fut élevé un temple que desservit un moine apostat, d'origine écossaise, nommé le Cocq (1).

Un autre temple fut bâti au faubourg de la Madeleine, à la suite de l'Edit de Nantes, et fut détruit après la révocation de cet édit (2).

Les protestants possédaient un troisième temple, très-rapproché de l'église Saint-Jacques ; la suppression en fut prescrite, le 31 octobre 1634, par M. de Verthamon, conseiller du roi et intendant.

« ..... Fut ordonné sur certains différents entre les catholiques et ceux de la religion P. R., que, dans six mois pour tout délai, les protestants feront bâtir un temple en tel lieu qu'ils voudront et qui ne sera point proche ni incommode aux églises et monastères de la ville, pour y continuer l'exercice de leur religion, suivant les édits, et pour cela pourront se servir des bois, etc., du temple actuel, même de la place d'icelui, fors et excepté ce qui se trouvera être de l'ancien presbytère et de l'église Saint-Jacques, à la charge de la directe des dits religieux Jacobins ; pour du prix d'icelle faire bâtir un temple nouveau, pouvant avoir une cloche pour convoquer le peuple. Les six mois expirés, défenses expresses de continuer leurs exercices dans leur temple ancien, qui était trop près de l'église Saint-Jacques ; et pour le regard du temple de la Madeleine, qui avait été bâti depuis l'édit de Nantes et par conséquent aurait dû être démoli, les parties se pourvoiront. De plus avons enjoint d'observer les édits et vivre en paix et union (3). »

En vertu de cette décision, les réformés entreprirent la construction d'un nouvel édifice sur la place appelée depuis Place du Temple. La pose de la première pierre eut lieu le 7 juillet 1636 ; sous cette pierre, Gabriel du Castaing, consul, plaça, après le bailli, Jean Gast, une pièce de 20 sous (4).

En 1643, l'horloge du clocher de Saint-Jacques fut démontée et portée au temple (5).

(1) Collection Leydet et Prunis, vol. 14, p. 76 (Mémoire sur Bergerac).
(2) Lespine, vol. 33, p. 144.
(3) Lespine, vol. 48, p. 378.
(4) Registre manuscrit de l'Histoire de Bergerac.
(5) Ibid.   Ibid.

M. de Bernard, curé de Bergerac, poursuivit, en 1682, la suppression de ce temple. L'affaire fut d'abord portée au Parlement de Bordeaux, puis renvoyée, en exécution d'un arrêt du Conseil, au Parlement de Toulouse. Cette Cour ordonna, le 9 septembre 1682, que l'édifice serait rasé, et sa sentence fut exécutée le 11 novembre de la même année.

« La croix fut plantée solennellement sur un des deux piliers qui soutenaient la charpente du temple, après une procession générale, où assistèrent, le jour et fête de Saint-Martin, environ cinquante ecclésiastiques, toutes les communautés religieuses de la ville, dont il y avait vingt Récollets et treize des trois autres ensemble (1). »

CHAPITRE V.

COUVENTS.

I. — *Prieuré de Saint-Martin.*

Le prieuré de Saint-Martin de Bergerac fut fondé, vers l'an 1080, par Hélie, prévôt du château de cette ville, qui donna l'église de Saint-Martin à l'abbaye de Saint-Florent de Saumur.

Lespine a relevé, sur un manuscrit de l'abbaye de Saint-Germain-des-Prés, la traduction suivante de l'acte de donation et de la ratification accordée par Hélie III, comte de Périgord :

« Un certain Hélie, ayant le gouvernement de la préfecture du châ-
» teau de Bergerac, pensant au salut de son âme et à ce qu'il fairait pour
» avoir Dieu propice, se ressouvint du mauvais ordre auquel estait l'é-
» glise, tant par sa faute que celle de ses antécesseurs, qui la laissaient à

(1) Lespine, vol. 48, p. 192.

» des prestres mercenaires, moyennant une somme de deniers ; voulant
» donc la purger de ces immondices, il se détermina de la donner gra-
» tuitement à des ministres fidelles, qui la gouvernassent saintement et
» selon Dieu. Et en entendant la renommée de la sainte conversation des
» moines de Saint-Florent, il la leur donna à perpétuité, autant qu'en lui
» estait, par le conseil et authorité de ses frères Hugues et Audebert, et
» par l'exhortation que lui en fit Pierre Herbert, son cousin ; et afin que
» ce don fût stable, il fut devant l'autel de Saint-Martin, où en présence
» de plusieurs personnes insignes, savoir : d'Elie Ranulfe, d'Oton Ber-
» nard, etc., des moynes de Saint-Florent, Olivier, Constantin et Gumbert,
» il quitta et donna à Dieu, à Saint-Martin, à Saint-Florent-de-Saumur, à
» l'abbé et aux moynes d'icelui, tout ce qu'il y avait ou que d'autres te-
» naient de lui, toute la sépulture et autres choses de l'église ; de plus,
» la quatrième partie des dixmes de vin ; et après Dieu le permettant
» ainsi, le comte Hélie, à la supplication du moyne Olivier, vint en
» l'église Saint-Martin, et un jour de dimanche, en présence de tout le
» peuple, confirma tout ce que dessus, cédant semblablement tout le droit
» qu'il y pouvait avoir, permettant à tous leurs subjets d'y omosner de
» leurs biens, selon qu'ils voudraient, y en eslargissant eux-mêmes beau-
» coup ; ce que fit aussi l'Evesque de Périgueux, Guillaume, entre les
» mains de Gumbert et Olivier, moynes de Saint-Florent. » (1)

Le pape Urbain III, par bulle spéciale donnée à Vérone,
en 1185 ou 1186, prit sous sa protection l'église de Saint-
Martin et celle de Saint-Jacques, avec leurs dépendances, et
accorda aux frères la faculté de recevoir pour leur conversion
les séculiers qui seraient libres de leur personne. Nous donnons le texte de cette bulle :

« Urbanus ppa Priori et fratribus Sti-Martini de Bragerat, etc... Ecclam
» vestram cum Eccla Sti-Jacobi, terris, decimis, aliisque possessionibus,
» et pertinentiis quas in pntiarum habetis, vel in futurum p.state dni
» poteritis adipisci sub beati Petri et nra protectione suscipimus. Liberas
» autem et absolutas personas de sœculo venientes vel fugientes liceat vobis
» ad conversionem recipere sine contradictione, sepulturam quoque illius

(1) Lespine, vol. 77, p. 61. (Bibliothèque Nationale. — Extrait d'un manuscrit pro-
venant de l'abbaye de Saint-Germain-des-Prés. Cote Saint-Florent-de-Saumur. A.
B. fo 102).

» loci liberam esse concedimus ut eorum devotioni et extremæ voluntati
» qui se illic sepeliri deliberaverint, nisi excomunicati sint vel interdicti,
» nullus obsistat ; ad hoc a parrochianis vestris percipiendi decimas et
» constituta jura liberam habeatis auctoritate apost⁽ᶜᵃ⁾ facultatem, etc.. Da-
» tum Veron. xvii calend. Januarii. In horum testium p. petrag⁽ˢⁱˢ⁾ ep⁽ᵘˢ⁾
» litteras concessit V idus martis 1239 (1). »

Le prieuré de Saint-Martin exerçait les droits de *Verrouil*
sur les couvents de Bergerac et sur les églises de Notre-
Dame-du-Château, de la Madeleine et du Saint-Esprit ; nous
avons publié dans le *Bulletin de la Société historique et archéologique du Périgord* (T. 2, p. 183) un contrat du 22 juin 1527,
portant afferme de ces droits.

En 1504, le prieuré de Bergerac fut visité, par ordre de
Louis du Bellay, abbé de Saint-Florent, ainsi qu'en témoigne
le récit qui suit :

« Le 15 dudit mois de may de l'an mil cinq cent quatre.., il (le délégué)
» visita le prieuré de Saint-Martin de Bergerac, où il trouva quatre
» moynes, oultre le prieur, lequel était alors allé à l'abbaye de Saint-Cy-
» bard, près Engoulesme. Là, lui fust dit, qu'ès fêtes annuelles, les reli-
» gieux du prieuré devaient faire service à Sainte-Catherine et aussi les
» quatre festes annuelles en la grande église parrochiale. Le prieuré était
» en bon ordre et bien garny. En l'église du prieuré, on lui monstra un
» reliquaire en façon de chàsse, couvert d'argent, long d'un pied au plus,
» haut de demy pied et quatre doigts. Au chaque bout et chaque côté
» estaient des images d'argent de Saint-Estropi, de Saint-Cloud, de
» Saint-Martin et de Sainte-Catherine, et dedans y avait des reliques des
» dits saints et saintes et aussi des reliques de Saint-Caprais, de Saint-

---

(1) Lespine, vol. 33, p. 69. Copie du Cartulaire de Saint-Florent.— Par ses testament
et codicilles de 1360, 1364 et 1366, le cardinal de Taleyrand-Périgord légua au prieuré
de Saint-Martin de Bergerac cent florins d'or, destinés à l'achat de rentes pour la
fondation d'anniversaires : « Testamentum Taleyrandi, Cardinalis Petragoricensis,
annis mccclx et mccclxiv-xvi. — Conditum : —.. Item prioratui de Flexu 4 florenos
auri et prioratui Sti-Martini de Brageraco C. florenos auri, in emptionem reddituum pro faciendis anniversariis annis singulis expendendos. » (D. Claude Estien-
not : *Fragmenta historiæ Aquitanicæ*, T. 11, p. 595 — Bibliothèque Nationale, *Fonds
latin*).

» Anthoyne, de Sainte-Luce et de Saint-Etienne, chaque relique étant assez
» petite... » (1).

Les guerres de religion n'épargnèrent pas lo couvent de Saint-Martin.

« L'an 1561, la maison du prieur fut ruinée, l'église Saint-Martin
» démolie et un temple bâti, dans le Mercadil, sur les ruines de ladite
» église qui se trouvait en cet endroit, et un des moines prêchait la
» Réforme, qui était professée dans la ville dès l'année 1553 (2) ».

L'abbaye de Saint-Florent tirait une redevance annuelle de cinquante livres du prieuré de Bergerac, comme il résulte d'un mémoire signé par Martial Dufau, prieur de Saint-Martin, en 1636 :

« Prieurs dépendant de la nomination de l'abbaye de Saint-Florent, près
» Saumur, en Anjou, qui doivent à la Manse de ladite abbaye les pensions
» qui suivent, payables et rendues annuellement audit lieu par chacun
» d'eux au Chapitre général qui se tient tous les ans audit lieu le 2 mai,
» jour de la fête de Saint-Florent ; au quel jour tous lesdits prieurs sont
» traités magnifiquement en ladite abbaye pendant tout ledit jour, aux
» dépens de l'abbé de Saint-Florent :

« Le prieur de La Rochefoucauld doit	10 livres.	
» — de Castillon, en Bordelais, doit	5	
» — de Bergerac, en Périgord, doit	50	
» — de Montcaret, en Périgord, doit	6	
» — de Pelegrue, en Agenais, doit	3	
» — de Bazas, en Agenais, doit	5	
» — de Pons, en Xaintonge, doit	10	
» — de Saint-Macaire, en Bordelais, doit	7 liv. 10 s. (3).	

En 1672, le prieuré de Saint-Martin fut, avec la commu-

---

(1) Lespine, vol. 33, p. 106. — Bibliothèque Nationale, résidu de St-Germain-des Prés.
(2) *Registre manuscrit de l'Histoire de Bergerac*.
(3) Lespine, vol. 48, p. 399.

nauté des prêtres de Saint-Jacques, réuni à la communauté de la Mission et Séminaire de Périgueux. La vicairerie perpétuelle des deux paroisses fut rattachée, en 1682, au même séminaire (1).

II. — *Couvent des Carmélites.*

Les religieuses du couvent de Notre-Dame de Bergerac, situé sur les bords de la Dordogne, embrassèrent, en 1122, la règle de l'abbaye de Fontevrault et se mirent sous la direction de Pétronille, qui en était abbesse (2).

En 1170, Hélie II de Castillon, évêque d'Agen, fut présent à la transaction passée entre l'abbé de Belleperche, en Gascogne, et la prieure de Bergerac.

Nous voyons aussi que, par son testament fait le dimanche avant la fête de Saint-Pierre-ez-liens de l'an 1368, Hélie Bernard, damoiseau de Grignols, entr'autres dispositions, légua aux filles Carmélites de Bergerac dix sous tournois (3).

On conjecture que ce couvent ayant cessé d'exister, les seigneurs de Bergerac trouvèrent l'emplacement à leur convenance et employèrent les matériaux de l'établissement à la construction d'un château sur le même terrain.

III. — *Couvent des Frères mineurs ou Cordeliers.*

Le couvent des Cordeliers de Bergerac fut fondé sous l'épiscopat de Raoul de Lastours, qui occupa le siége de Périgueux dès l'an 1217, et qui introduisit les Frères de Saint-François-d'Assise dans plusieurs autres villes du diocèse (4).

---

(1) *Registre manuscrit de l'Histoire de Bergerac.* — La liste des prieurs de Saint-Martin a été publiée dans le *Bulletin* de la Société historique et archéologique du Périgord, Tome. 1er, p. 262 et suivantes.

(2) L'original de cette charte est dans le Trésor de Fontevrault. On en trouve un extrait dans le *Gallia Christiana*, tome 2. p. 1318 : « Petronillæ, abbatissæ Fontis Ebraldi regimini se mancipavit conventus Beatæ Mariæ de Brageraco, anno 1122. 'Lespine, vol. 58, p. 357).

(3) Lespine, vol. 33, p. 144. — (Trésor du château de Mauriac).

(4) Le P. Dupuy — *Estat de l'Eglise du Périgord*, T. 2, p. 79.

Par son testament fait cette même année, Marguerite de Turenne, dame de Bergerac, légua aux Cordeliers un repas chaque semaine à perpétuité (1). Son fils, Elie Rudel ou Renaud IV de Pons, qui testa le dimanche avant la fête de Saint-Barthélemy de l'an 1290, exprima la volonté que son cœur fût inhumé dans l'église des Frères mineurs de Bergerac, et son corps transporté, pour y être enseveli, dans la chapelle des Frères mineurs de Pons (2).

Les Cordeliers eurent encore pour bienfaiteurs Bertrand de Longua, damoiseau, qui légua, en 1303, cinq sols à chacun des couvents des Frères mineurs, douze deniers au couvent Sainte-Marie-du-Carmel et onze sols à l'hôpital du Saint-Esprit de Bergerac (3), et Hélie Robert de Sainte-Alvère, qui fit des libéralités aux Frères prêcheurs et mineurs de Bergerac, en 1306.

Lorsque le duc d'Anjou, frère de Charles V, vint, en 1377, avec le connétable Duguesclin, mettre le siége devant Bergerac, ce prince établit ses quartiers au couvent des Cordeliers.

En 1520, « les consuls assistèrent à l'enterrement du seigneur de La Force aux Cordeliers, fournirent une douzaine de torches aux armes de la ville, firent sonner la cloche du consulat dès que le corps entra dans la ville et jusqu'à ce qu'il fût dans le couvent (4). »

L'église des Cordeliers, détruite par les protestants en 1553, fut rétablie en 1682 et « sacrée par l'évêque de Périgueux, (Mgr Le Boux) qui logea au couvent. Il prêcha à la paroisse le lendemain et donna la confirmation (5). »

---

(1) Lespine, Collection Périgord, vol. 48, p. 413.
(2)   Ibid.   Ibid.   vol. 48, p. 334.
(3)   Ibid.   Ibid.   vol 46, p. 222 : « Testament de Bertrand de Longua (de Longo vado) donzellus, parrochianus de Santæ-Fidei de Longovado, die sabati post dominicam quâ cantatur officium quasimodo, anno domini 1303... Item lego conventui fratrum minorum et prædicatorum, cuilibet V solid.; conventui beatæ Mariæ de Carmelo de Brageriac XII den., semel solvend. Item lego hospitali Santi-Spiritûs de Brag. 11 soli... »
(4) Registre manuscrit de l'Histoire de Bergerac.
(5)   Ibid.   Ibid.

Le couvent des Frères mineurs était situé près de la Dordogne, à la porte de Clérac.

Après la suppression des ordres religieux et la vente de leurs biens, en 1791, l'église des Cordeliers fut, ainsi que celle des Jacobins, conservée pour servir de succursale à la paroisse.

IV. — *Couvent des Frères prêcheurs ou Jacobins* (1).

En 1260, Pierre de St-Astier, évêque de Périgueux, prescrivit la fondation d'un couvent de Frères prêcheurs à Bergerac. Il fut secondé dans cette pieuse entreprise par Marguerite de Turenne, femme de sire Renaud de Pons, seigneur de la ville, qui fit don au couvent, la même année, de cinquante livres de rente. Hélies Brunet, bourgeois, céda gratuitement le fonds sur lequel les bâtiments furent élevés. Frère Bernard de Porchères présida à cette création. Les religieux demeurèrent longtemps en ville, à l'hospice de Folcran, en attendant que leurs logements fussent prêts. La générosité d'Hélies Brunet, qui ne cessa de se montrer leur bienfaiteur, leur procura le *dormitorium*, et Gérard Roger édifia le Chapitre où les Frères purent célébrer le saint sacrifice (2).

Ce fut dans le Chapitre provincial tenu à Avignon, en 1264, le jour de la fête de Ste-Marie-Madeleine, que le couvent des Frères prêcheurs de Bergerac fut régulièrement institué. Le premier prieur fut Guillaume de Saint-Astier, cousin de l'évêque de Périguéux (3).

---

(1) L'ordre des Frères prêcheurs fut fondé en 1215 par saint Dominique et approuvé par une bulle du Pape Honorius III, du 22 décembre 1916. Le nom de *Jacobins* donné à ces religieux leur vint de l'établissement qu'ils avaient formé dans la rue Saint-Jacques, à Paris. — (Hélyot, *Histoire des ordres monastiques,* T. 3.)

(2) *Collection Périgord* (Leydet et Prunis, vol. 14, page 76) *Bibliothèque nationale, manuscrits,* — et le P. Dupuy, *Estat de l'Eglise du Périgord,* T. 2, p. 88.

(3) *Voir,* dans Guidonis, la liste des prieurs qui se succédèrent de 1264 à 1332, avec quelques renseignements biographiques. — Voir aussi *Collection Périgord* (Lespine, vol. 33, p. 115.)

Par lettres patentes données à Melun le 21 septembre 1377, Charles V autorisa les Frères prêcheurs, dont le couvent, situé hors des murs de la ville, avait souvent été dévasté pendant les guerres, à reconstruire leur maison à proximité de l'enceinte.

Ces lettres sont ainsi conçues :

« Karolus, etc., Regiæ considerationis animumque virtutis et intentæ solicitudinis studium assiduè adiben. Et in precordiis nobis est incessant. precipuum quatenus ob divinæ cunctipotentiæ reverenciam personæ ecclesiasticæ divinis obsequiis intendentes et maxime que sub regulari habitu elegerunt, dierum suorum cursiculum curiose peragere in exhibendo suis nisibus placidum prefatæ omnipotentiæ famulatum, mondanas spernentes illecebras, bonorum temporalium opulentiæ pauperiem preferendo, in eorum opportunis necessitatibus et presertim quæ quietem concernere dinoscuntur, favorem regiam sibi sentiant non deesse, ut perindè liberius valeant in divinà contemplacione manere ; nosque queamus proptereà erga Regem Regum meritum consequi ad salutem. Ad nostram itaque delato noticiam quod dilecti nobis in Chto religiosi ordinis fratrum prædicatorum conventus Brageraci, qui est extrà clausuram fortalicii situatus, de cujus demolicione habuerunt sepissime pertinere, causante guerrarum voragine, quæ in illis partibus, sicut in plerisque mundi aliis locis, diucius viguerunt quibus impositus est nondùm finis, et ut à prædonum et guerrificorum incursibus possint in anteà comodiùs se tueri afficiantur, et in suis gerant affectibus, vehementer mediantibus piis Xsti fidelium subsidiis caritatis infrà villam et fortalicium dicti loci de Brageraco novum erigi et construi facere monasterium ac parari sibi necessarias mansiones, suam ibidem residenciam transferendo, dummodo super admortizatione duorum arpentorum terræ, quæ pro peractione premissorum jamque disposuerunt acquirere nostra magnificentia benigniter se inclinet super quibus nobis fecerunt humiliter supplicar. Nos igitur eorum salubri proposito pium impartien. assensum ut et tanti boni quod ut constructione pdictà potissimè quoad divini cultus augmentatum emergere, non veremur, valeamus effici adjutores et perindè mercedis esse participes, ac dnantium Dno complacere. Memorata duo arpenta terræ et opus prefatum per religiosos jam dictos et locorum successores prænotæ villæ de Brageraco fortalicium et clausuram in loco tamen condecenti quocumque justo titulo acquirendi nisi jam fuerint acquisita, ac inhibi monasterium, et eorum habitationes et domos prœdictas erigi et construi faciendi, prout eis expedire videbitur, auctoritate nostrà regià, certàque scientià et speciali gratià licentiam concedimus per pntes ; itaque quod religiosi ipsi pntes et posteri hujusmodi duo terræ arpenta, tanquam rem ecclesiasticam et amortizatam ac sacris deputatam usibus deinceps habere, tenere et perpetuo pacificè possidere possint, et eis liceat absque eo quod extra manum suam ea ponere à quocumque cogi aliqualiter valeant vel arctari, seu nobis, aut nris successoribus, occasione hujusmodi financiam qualemcumque prestare aut solvere pro nunc vel in posterum teneantur. Ipsam vero financiam quæ exindè presentialiter vel futuris temporibus deberetur, prælibatis religiosis et suis prædictis successoribus uberiori dono ntræ gratiæ, ut pro personarum ntri consortibus que et liberorum nostrorum ac regno nostri prosperitate et salutem ad Xrum, preces fundere, fervenciùs debeant animari, ex dictis certà scientià et speciali gratià horum litterarum serie donamus, remittimus et oio quittamus ; dilectis et fidelibus gentibus compotorum nosrum par, ceteris que justiciariis nostris, et eorum loca tenen. pntibus et futuris et cuilibet eorum, prout ad eum pertinerit ; dantes hujusmodi ; Iris in mandatis quatenus religiosos speciosos sepedictos pntes et posteros ntrà pnti già uti et gaudere perpetuo et pacificè faciant et permittant, ac contra tenorem pntium, nullatenus inquietent et molestent, ac patiantur à quocuum modo aliquo molestari. Et ut hæc oia robur perpetuæ stabilitatis obtineant, pntes litteras sigilli ntri fecimus appensione muniri, salvo in aliis jure nró, et in oibus quolibet alieno.

» Datum Meleduni XXJ die sept. anno Dni MCCCLXX VIJ.

» Per Regem. J TABARI. » (1)

En 1535, les trois Etats du Périgord se tinrent dans le couvent des Jacobins (2).

Ce fut dans l'église de ces religieux que fut enseveli, auprès de son père et de ses aïeux, M. François-Elie de Chilhaud, pourvu, en 1712, de la charge de lieutenant-général de la sénéchaussée de Bergerac (3).

Le couvent des Jacobins était situé hors la porte Lougadoire.

---

(1) Lespine, vol. 33. p. 59 et suiv. (Extrait du registre 112, Trés. des Chartes, chap. v. pièce VIII.)

(2) *Registre manuscrit de l'Histoire de Bergerac.*

(3) Lespine, vol. 48. p. 394.

V. — *Couvent des Carmes.*

Les renseignements font défaut sur l'époque de l'établissement des Carmes à Bergerac. On lit dans l'*Histoire des Ordres monastiques* qu'à la suite de la paix conclue en 1229 par l'empereur Frédéric II avec les Sarrazins, les Carmes, persécutés par les infidèles, abandonnèrent la Terre Sainte et passèrent dans l'île de Chypre en 1238. Ils s'établirent aux Aigalades, près Marseille, en 1244, et de là se répandirent dans le Languedoc et l'Aquitaine. On peut en inférer qu'ils parurent à Bergerac vers la fin du XIII° siècle ou au commencement du XIV°.

C'est aux ancêtres des ducs de Lauzun qu'est attribuée la fondation de leur couvent dans cette ville (1).

Par son testament fait en l'année 1362, Malte de Born ou de Hautefort, femme de noble homme Guillaume de Forces, chevalier, ordonna que sa sépulture aurait lieu dans l'église ou le cloître des Carmes de Bergerac, où elle fonda un anniversaire (2).

Le couvent des Carmes était situé hors la porte Barraut.

VI. — *Couvent des Récollets.*

C'est vers 1616 que les Récollets, qui avaient été appelés dans la province par Henri IV, firent leur apparition à Bergerac (3).

---

(1) « Ce couvent reconnaît pour ses fondateurs les ancêtres du seigneur duc de Lauzun, comme il appert par le contrat du 19 novembre 1505, retenu par Sapientis notaire, par lequel il conste que cette ancienne et illustre famille avait fondé les Carmes de Bergerac, dont les titres primordiaux furent pris et brûlés lors de la rébellion des huguenots, arrivée en 1574.. » (Lespine, vol. 92, p. 10 — papiers Leydet).

Cette dernière date est inexacte : c'est en 1572, que le couvent fut détruit par les protestants. On lit en effet ce qui suit dans le *Registre manuscrit de l'Histoire de Bergerac* (1572) : « Les trois couvents des Jacobins, Cordeliers et Carmes furent démolis et les matériaux employés à réparer les brèches des murailles de la ville par l'ordre du baron de Langoiran, gouverneur de Bergerac, après avoir soutenu le siége de la Rochelle ».

(2) Lespine, vol. 33, p. 115 (Archiv. du château de Hautefort).

(3) Lespine, vol. 48, p. 149.

Mgr de La Béraudière, évêque de Périgueux, voulant combattre l'hérésie à Bergerac, établit leur couvent dans cette ville le 2 janvier 1620, et leur abandonna les masures de l'église de Notre-Dame, près le château du Roi ; en même temps il leur accorda toutes puissances spirituelles, et ils se mirent à l'œuvre comme missionnaires.

Pendant le séjour qu'il fit à Bergerac, après la reddition de la place (juillet 1621), Louis XIII accueillit avec bienveillance les Pères Récollets ; il leur donna la motte de son château avec ses appartenances (1) et fit rebâtir, aux frais du trésor royal, la chapelle de Notre-Dame (2).

Les Récollets prirent possession, le 15 mai 1623, de leur église, qui fut sacrée le 20 du même mois par l'évêque de Périgueux.

La première pierre du couvent fut posée le 22 janvier 1630, par M. d'Argenson, maître des requêtes et commissaire pour la démolition des murailles de la ville.

Lors de la peste qui éclata à Bergerac en 1631, le fléau fit des victimes chez les Récollets, qui durent évacuer leur couvent.

« La peste commença au mois de juillet et cessa en octobre. Il mourut, entre autres, chez les Récollets, Martin Carrier, frère de M. du Roc ; le frère Antonin Sauvage fut aussi frappé de la peste et mourut le troisième jour.

» Les Récollets furent logés par M. du Roc, frère du R. P. Martin Carrier, tout auprès du château de Piles, dont il était fermier. La contagion ayant cessé en cette ville, lesdits religieux y revinrent le lendemain de la Toussaint. (3) »

Les Récollets se signalèrent par le zèle avec lequel ils combattirent les progrès de la religion réformée, argumentant en

---

(1) Les lettres relatives à cette donation furent expédiées au camp devant Monheurt en octobre ou décembre 1621. — « Monheurt, bourg autrefois fortifié. Il est dans le Bazadois, en Guienne, près du confluent de la Garonne et du Lot, à trois lieues de Nérac. » (Moréri).

(2) Leydet et Prunis. — Collect. du Périgord, vol. 14, p. 77.

(3) Lespine, vol. 48, p. 177.

public contre les ministres et ne négligeant aucune occasion de défendre l'intégrité de la foi catholique.

« SINODE A BERGERAC.

« Le 9 septembre 1643, l'assemblée des ministres de la Basse-Guyenne se fit à Bergerac. Les Récollets firent les réfutations des prêches devant l'église de Saint-Jacques. M. le prieur avait promis de s'y trouver ; mais il n'en fit rien, dit-on, crainte de dépenses. Le prieur des Jacobins fit l'ouverture du synode ; le P. provincial des Carmes prêcha ; ensuite les Récollets firent tout le reste. Le lundi, jour de l'Exaltation de la Sainte-Croix, la congrégation des ecclésiastiques de Bouniagues vint ici avec musique. On prêcha dans l'église des Récollets. M. le lieutenant-général, M. l'assesseur, M. Porcher, M. de Chapelle, baillif, et M. de Monteil se montrèrent fort affectionnés aux Récollets et leur aidèrent aux frais qu'il fallut faire... » (1).

En 1685, les PP. Récollets furent employés à la conversion plus ou moins volontaire des protestants. On transporta chez eux tous les livres hérétiques dont la remise fut exigée des bourgeois, et qui furent brûlés devant la porte du couvent le 6 mars de l'année suivante (2).

Louis XIV avait confirmé les actes de son prédécesseur en faveur des PP. Récollets, et déclaré leur couvent de fondation royale, par ses lettres patentes du mois de mai 1677 (3).

L'église des Récollets, reconstruite trop à la hâte, menaçait ruine en 1787. Elle fut réédifiée cette même année sur ses anciens fondements. Le 13 mars 1788, on y célébra la première messe solennelle. Après un sermon et le chant du *Te Deum*, la bénédiction du Saint-Sacrement y fut donnée par permission d'un des vicaires-généraux, en l'absence de l'évêque.

Cette église fut achetée en 1792 par le Consistoire protestant et n'a pas cessé de lui appartenir.

---

(1) Lespine, vol. 48, p. 177 et suiv.
(2) *Ibid.* vol. 48, p. 200.
(3) *Ibid.* vol. 48, p. 149 et suiv.

VII. — *Couvent des Dames de la Foi.*

« Ce fut quelques années avant 1680, que Mlle Baillot de Lagadou commença, avec quelques dames pieuses, de donner, dans la ville de Sarlat, aux jeunes personnes de son sexe, des leçons publiques et gratuites sur la religion, la lecture, l'écriture et les divers genres de travail auxquels ces jeunes personnes étaient destinées. Les heureux effets qui résultèrent de cette précieuse association engagèrent Mgr de Fénelon, évêque de Sarlat, à lui procurer une forme plus stable. En conséquence, il obtint des lettres patentes portant établissement d'une école chrétienne sous le nom de Dames de la Foi.

» Mgr Le Boux, évêque de Périgueux, jaloux de procurer à son diocèse le même avantage, accueillit avec empressement la proposition qui lui fut faite par M. Carrier, prêtre de la Mission de Périgueux, de placer à Bergerac une maison des Dames de la Foi. Il paraît, par une délibération des juges de la Sénéchaussée de Bergerac, du 27 avril 1680 et par une autre du 28 du même mois, prise par le corps municipal auquel s'étaient joints les principaux habitants de la ville, que tous demandaient également de voir établir à Bergerac une maison pareille à celle de Sarlat. Cette demande fut appuyée auprès du gouvernement par Mgr l'évêque de Périgueux. Il fut obtenu des lettres patentes du mois d'août de la même année, autorisant les Dames des Écoles chrétiennes de Sarlat à venir en fonder une pareille à Bergerac. Le zèle de la pieuse Mlle de Lagadou ne lui permit pas d'attendre que ces lettres fussent enregistrées pour se rendre à Bergerac : elle y amena avec elle Mlle de Donat, première supérieure de cette maison, où se réunirent plusieurs demoiselles des principales familles du pays.

» Ce fut donc en vertu des lettres patentes du Roi, enregistrées au Parlement de Bordeaux, séant à La Réole, le 21 juillet 1681, et ensuite au Sénéchal de Bergerac le 4 août suivant, que les Dames de la Foi, déjà rassemblées depuis le 22 avril de la même année, commencèrent à se livrer à l'enseignement des jeunes filles de la ville et des environs. Logées successivement, comme locataires, dans deux maisons où elles ne tardèrent pas à se trouver trop à l'étroit à cause du grand nombre de pensionnaires et d'écolières externes qui leur survenaient chaque jour, elles sentirent la nécessité d'avoir une demeure fixe, et au prix des plus grands sacrifices, elles firent l'acquisition de la maison qu'elles ont habitée jusqu'à la Révolution.

» A cet établissement, considérablement agrandi par elles, les Dames de la Foi avaient ajouté un domaine considérable et quelques autres propriétés rurales. Leur externat était gratuit, et la pension des internes était très-modique. — *N.-B.* Les détails ci-dessus sont extraits d'un mémoire à l'appui d'une pétition présentée, en 1805, à l'Impératrice-mère par les Dames de la Foi, pour obtenir d'être autorisées comme congrégation enseignante et réintégrées dans leur maison, où le représentant Lakanal avait transporté l'hôpital. Les religieuses étaient encore au nombre de quatorze, plus quatre sœurs de service. Il ne paraît avoir été donné aucune suite à leurs justes réclamations. Leur maison est toujours occupée par l'hospice civil et militaire, et depuis la Révolution, les Dames de la Foi ont cessé d'enseigner à Bergerac. » (*Extrait* des papiers de M. Gontier de Biran.)

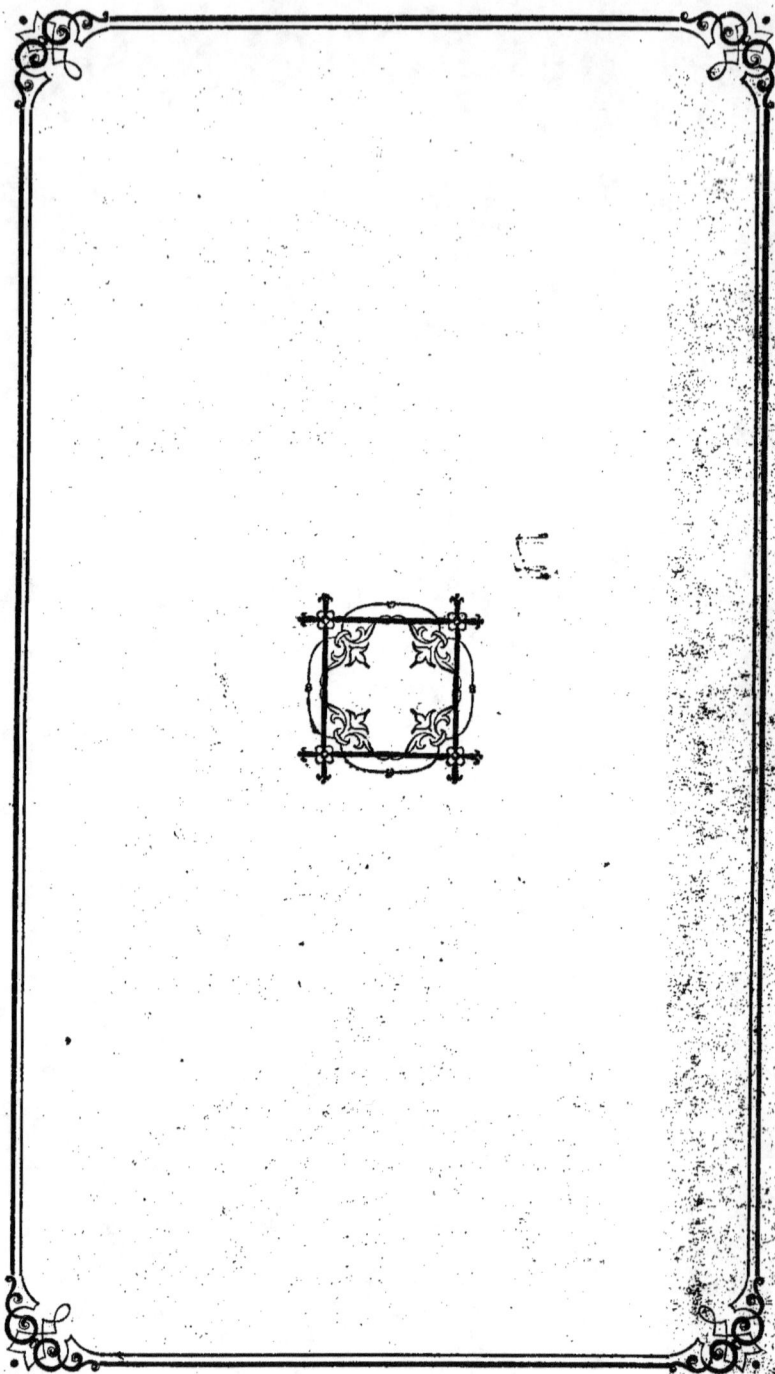

www.ingramcontent.com/pod-product-compliance
Lightning Source LLC
LaVergne TN
LVHW022016080426
835513LV00009B/748